教育的味道

薄心妍
李润于 著

苏州大学出版社

图书在版编目（CIP）数据

教育的味道 / 薄心妍，李润于著. —苏州：苏州大学出版社，2022.7（2023.7重印）
ISBN 978-7-5672-4005-6

Ⅰ.①教… Ⅱ.①薄… ②李… Ⅲ.①小学教育—文集 Ⅳ.①G62-53

中国版本图书馆CIP数据核字（2022）第108482号

书　　名：	教育的味道 JIAOYU DE WEIDAO
著　　者：	薄心妍　李润于
责任编辑：	赵晓嬿
装帧设计：	吴　钰
出版发行：	苏州大学出版社（Soochow University Press）
社　　址：	苏州市十梓街1号　邮编：215006
印　　刷：	广东虎彩云印刷有限公司
邮购热线：	0512-67480030
销售热线：	0512-67481020
开　　本：	890 mm×1 240 mm　1/32　印张：6.375　字数：113千
版　　次：	2022年7月第1版
印　　次：	2023年7月第2次印刷
书　　号：	ISBN 978-7-5672-4005-6
定　　价：	28.00元

图书若有印装错误，本社负责调换
苏州大学出版社营销部　电话：0512-67481020
苏州大学出版社网址　http://www.sudapress.com
苏州大学出版社邮箱　sdcbs@suda.edu.cn

教育日志的一举多得

我刚工作的第一年,是在一所完全中学①教书,教师平均年龄40多岁。我的办公室里,绝大部分是即将退休的老教师。我最爱做的事是听他们讲过去的事情。

他们讲起那些已经毕业了多年的学生时,表情是轻松愉悦的,曾经折磨自己的苦恼,都随着学生的毕业一笔勾销,言语之间添了几分调侃。时间的流逝,让曾经的翻山越岭变得云淡风轻。

有时,一个故事讲到关键处,那讲故事的人却开始犯起了迷糊:我是不是记错人了?事是这个事,人好像不是这个人?我以为自己记得真切,讲出来却发现很多细枝末节都忘记了。

次数多了,他们便认认真真教育起我这个初出茅庐的老师来:你可不要像我们一样,你要随时把想法写下来。以后退休了,自己翻翻这些笔记,也是很好的回

---

① 完全中学:一所学校既有初中部又有高中部。

忆。你看看我们，想回忆都没有依据了。

这大概就是我能坚持写教育日志的初衷：写吧，把日志一页页写满，等老了再慢慢翻看，细细品味。

那时候没有计算机，日志全靠手写。记得第一次写的时候，我煞有介事地买了个软面抄①，那时候它可算是高档货了。但真要落笔时，我却思绪万千，似乎可以写的很多，能写的细节则很少。我知道，问题出在我观察不细腻、素材不丰富上面。

比如，我想写某个学生最近有些进步，那么之前他为何不认真学习？是什么促使他认真学习了？他会不会只是一时兴起，没有养成习惯？作为老师，我该如何以此为契机，激励其他类似的学生也认真学习呢？

我于是不急于动笔了，决定先认准一个学生仔细观察一阵子，再把一些素材写在本子上。随着观察的不断深入，素材的不断丰富，我可以在原有的教育日志上一直写下去。

这个发现和实践，让我的心态发生了巨大的变化。

原来我对某个学生的各种不良状态十分苦恼，只觉得他是我的麻烦，一心想着如何"对付"这个"顽劣分子"。但自从为了写作而观察后，反倒是真的开启了"把生源当资源、把问题当课题"的教育之旅。

---

① 软面抄：一种封面由软质材料包裹用于记录文字信息的抄写本。

当"顽劣分子"站在我身边时,我不再像从前那样恼羞成怒地训斥他,期望三下五除二地让他认错;我反而诚恳地问他:"你怎么会那样做呢?你没有想到后果会很糟糕吗?"

当诚恳地询问和关心学生时,我惊讶地发现他们那种桀骜不驯和放任自流的态度会立马改变。老师会变成一个采访者,带领学生梳理事情经过,帮助学生回忆心路历程,进行自我反省。这个过程让人特别有成就感。

而事情就在这个类似于采访的过程中有了良好的结果:师生间没有了从前的剑拔弩张,没有了厉声呵斥,在和风细雨中,事情得到了妥善解决。回去写下这段事情的经过时,我的心情平静祥和。

如今回忆起来,最初的那些写在软面抄上的文字最为朴实,没有任何文采的讲究,几乎等同于流水账;没有任何标题,相当于一篇篇教育日记;没其他读者,唯一的读者就是自己;也没有想过发表,没有一丝功利之心。

流水账写多了,渐渐笔下不再艰涩。有时候,事情刚一发生,我心里就急得不得了,恨不得立刻有时间把经过写下来,生怕一转身忘记了某个精彩的细节,生怕时间稍微过去一些就没有了当时的那一腔饱满的情绪。

这是我真的开始主动地撰写教育故事了。

对于作者而言,没有读者是万万不行的。但有谁愿意做我的读者呢？有几次自己写完日记后，恨不得马上邀请一位朋友来看我的文字，但当我将自己的文字读给他人听，换来一个点头或者一句称赞"嗯，不错，挺好"时，又觉得不太过瘾，仿佛是看到一个笑话觉得好笑得不得了，但真的复述给对方听的时候，又觉得一点也不好笑了。

直到有一天，我写到班级里学生的一些进步、一些不足，写完后意犹未尽，于是在班级里把自己的文字读给学生们听，他们专注的神情和讶异的表情表达出"没想到老师会观察得那么仔细"，这让我有了莫大的满足，没想到最好的读者就是我笔下的学生！

至此，教育日志成为我在教育工作中不可或缺的一个方法。我可以用细腻的观察来发现学生的闪光点和不足，这练就了我的火眼金睛；我可以在撰写中发现自己的言语和行为的不当之处，一边写一边反思自己当时的不冷静，并想着后续如何挽回；我可以把教育日志读给学生们听，让他们知道他们细小的优点都被我写进了文字里。教育日志成为师生心灵沟通的一座桥梁，我多了一条走进学生心中的路。

我也曾有过懒惰懈怠，尤其是在上了一天课后人十分疲累的时候，到了晚上总想着躺一会儿放松一下，这一躺时间也就匆匆地过去了，没一会儿就该睡觉了。

2006年，我开通了教育博客"三年的缘"，学生、家长、同行都成为我的读者。由于我有时候忙碌，有时候懈怠，便有学生问我："老师，你啥时候也写写我呀？"有同行问："你怎么不更新博客啦？我挺喜欢看的。"

这些询问像一次次小小的鞭策，让稍有懈怠的我又勤快起来。我如今开通了微信公众号"于洁沙龙2020"，这就等同于给大家递了小鞭子，麻烦大家常来鞭策我，使我不至于懈怠。

在博客上写了几百篇教育日志后，我发现这些日志有点随性、杂乱。有时候，我想找曾经写的某篇教育日志，一时半刻还真的找不到，就想着将它们分分类，以方便寻找。于是，我就在后期的创作中开始分类撰写，有的写课内师生之间的互动，有的写户外教育，还有的写教学过程。

当撰写到一定数量时，我忍不住将这些日志打印出来，拿缝衣针装订成古代线装书的模样。同时，我又画了插图，写了目录，做了封面。薄薄的一本，却让我产生了巨大的成就感。

于是，我心中很快升腾起一个强烈的信念：这是我做的教育。

日志一本一本装订出来后，放在办公桌上也有厚厚一叠了。有同事说："你可以出书了呀！你写得很好哟，人家肯定喜欢看！"

真是一言惊醒梦中人。

这些年来，我撰写的教育日志有几百万字了，一本本书也正式出版了。

有老师好奇地问："你是怎么写出来这么多文章的？你出一本书要关在房间里写很久很久吧？你是不是一直要写到半夜三更呀？"面对他们的问题，我总是淡笑不语。事实上，我并没有刻意地撰写日志，而是随着时间的推移，每天坚持着这个写作习惯，如今便有这一本本书。

这个过程就像爬山一样。当你站在山脚下的时候，看见高山巍峨，山顶遥不可及，是不是也会生出畏惧之心？但是当你真的开始一步一步前行时，路就在脚下，你爬着爬着就接近山顶了。

当然，自己也会有累得想退缩的时候，可是想想一路走来看到的美好风景，还有同路人一起互相鼓励，也就咬咬牙坚持下来了。过了极限点，后面也就只有快乐的感觉了。

至今撰写教育日志将近20年的我，书橱里依旧保存着最初的那些简朴的线装手写稿。我时常拿出来翻翻，仿佛对着一张张旧照片一样，辨认着那个年轻的、意气风发的自己，思量着岁月风尘里自己的教育之心有没有老去。这些文字真实地记录着我一路走来的每一个脚印，我常常对着它们感慨万千。

全国知名班主任王立华老师曾说:"教育日志是班主任在定期记录自己教育实践的基础上,对记录的有价值的事件、细节、体会进行深刻反思、批判,提高实践水平的一种研究方法。"

我非常赞同。不过我很想在"批判"这个词语的后面加上一句"同时也是一种很好的回味、享受"。也许曾经的一些教育行为不那么有技巧,甚至有些笨拙,但是一路记录着,还真的有点像一个孩童从蹒跚学步到稳步行走,最后可跑可跳。这是一个成长的过程,无论怎样,都那么真实,酸甜苦辣都是真实的教育的滋味。

所以,撰写教育日志的核心追求是"成长"。文笔越老练,教育行为越艺术,教育理念越纯粹,这些都是成长。

如今,除了通过撰写长长的教育日志来总结与反思外,我还喜欢和学生一起写师生日记:我写好后拿给学生们看,学生们写好后拿给我看。我们像师生,但更像朋友,在日记里互相欣赏、互相调侃。

博客不能再发文了,我就在公众号不断更新,在微信朋友圈里发照片、文字、录音和视频,记录的形式越发多样化了。当然约稿也多起来了。

于是,我常常自问:"你还记得当初手写教育日志时的初心吗?"

答曰:"记得,不停地写,记录真实的教育人生,等老了再慢慢翻看，细细品味。"

如今，我的儿子、儿媳也都做了老师，我除了是他们的母亲之外，也是一个引导他们走好教育之路的老教师。一路走来，撰写教育日志让我快速成长，我当然也要把这个好办法传授给他俩，这才有了这一本薄心妍和李润于的教育日志集，也有了每篇教育日志后我写的点评。

真诚地期待每一位年轻教师都能这样做做、写写、想想，再做做、再写写、再想想。

期待与您一路同行，一起成长。

于　洁

2022年春天于香逸

（于洁，江苏省昆山市葛江中学教师，全国模范教师，江苏省最美班主任，苏州教育十大年度人物，苏州名优班主任工作室主持人）

推球上坡，有喜有忧	/ 1
开学前的忐忑不安	/ 5
他有"磨洋工大法"	/ 10
没发出的信息	/ 16
她不喜欢数学	/ 20
淡漠如他	/ 26
终于改变了她的慢速度	/ 30
"甜糖"少年	/ 35
我们更像好朋友	/ 39
磨合中的语文课代表	/ 45
自负小童	/ 50
精气神哪儿去了？	/ 55

当"磨洋工"遇到"丢书人" / 59
为了重默我们的关系差点闹僵 / 63
如何让他真正行动起来？ / 68
令我无奈的女生小团体 / 73
就这样让她大方开朗起来 / 77
为了上体育课，他们还蛮拼的 / 82
一个杯子引发的后患 / 87
淘气男孩 / 92
眼皮子底下的撒谎 / 97
"冷敛"的小蒋 / 102
眯眼睛？戴眼镜 / 107
第一届学生来看我 / 112
和老师们吵架的四年级小学生 / 117
一个老师的年味儿 / 122
三改奖励方案 / 127
他的怀念让我心里酸溜溜地 / 132
迟发的手账本 / 137
愿你学习和外形一样酷 / 143
意想不到的"负负得正" / 148
当付出和收获不对等 / 153

特别的一学期 / 158
上网课时那团模糊的影子 / 162
不爱写作业的小宇 / 167
事情多得应接不暇了 / 172

跋：给青年教师的建议 / 176
后记1：成为更好的自己 / 183
后记2：幸福的味道 / 187

推球上坡，有喜有忧

小曹是个很聪明的孩子。

每次他举手发言，总能让我眼前一亮。他回答问题时思路清晰，非常自信，这是很多孩子都不具备的优点。当我肯定他的回答时，他会高兴得不知手脚如何安放，这堂课之后的环节，他就会出奇地认真。

但在小曹身上，这些并非常态。

更多时候，他在课堂上把文具变成玩具，还发出奇怪的声音；课后也不见踪影，我在批改作业时得让学生去厕所将他"捞回"；至于课堂作业、课后作业，我得目不转睛地盯着，他才能勉强写出几个需要我仔细辨认才能看懂的字。

为了改变这个情况，我在班里找了一名女同学作为"小老师"监督他写作业。但没几天，"小老师"就跑来向我投诉："他一下课就去厕所，拉都拉不住，到下节课上课才肯出来。"为此，我又给他换了一位"男老师"，可是这位"男老师"太过温柔，根本不是小曹的"对手"。于是，我又给他换了一位比较有威慑力的

"男老师",但我还是低估了小曹,也不知他有什么魔力,居然把这位"男老师"都给"带偏"了。算了,还是我自己来吧!

和班主任沟通后,我们将他的座位调到了第一排讲台边。每次我布置完课堂作业,他都是我重点关注的对象。只要他发现我没有在看他,手中的笔就停止了,直到察觉到我略带"杀气"的目光,又故作一副在认真思考的姿态。有时他写得较快,我也会表扬他,后面几天他就会自觉一些。但过些时日,他又需要我反反复复地监督,这样的日子似乎没有尽头。

幸好,小曹脑袋瓜很灵活。个别辅导时,他总能很快地理解我的意思。如果在一旁的"好兄弟"没有听懂,小曹会非常着急地给他再讲一遍,讲完后再气呼呼地问一句"明白了没"。每每见到这般情景,我都会忍不住笑出声。对于辅导时提出的问题,他也都能对答如流,补的作业的正确率也很高,但字迹潦草,我纠正了很多次都无果。后来我也慢慢放弃了,对他降低了要求,作业能交上来就好……

但他的聪明也会用在一些不该用的地方。例如,在和家长沟通好的情况下,放学后我将他留下来义务给他补课,他却经常不在教室,甚至偷偷溜走。放学时,我因工作忙碌无暇顾及,常常一个不留神就让他得逞了。对此,我只能给予惩戒——第二天的课间,他除了上厕所之外就几乎没什么自由时间了。也许是为了课间的自由，几次以后，他便鲜少出现这种情况了。

经过半学期的努力，小曹在期中测验中居然获得96分的高分，这是我接手班级后他考过的最好成绩！我很欣慰，在他身上花的心思没有白费！为了奖励他，我和他的家长沟通他不需要再留下来补课了。家长回复说："他就是这次进步，就一次，还是让他继续留下来吧，否则还是会掉下去的。"

收到回复的那一刻，我真切地感受到了"付出终有回报"的道理。我的付出，不仅在孩子身上真实地体现了出来，同时也获得了家长的肯定，这也成了我之后给学生补课的动力。

虽然小曹在最后的期末测验中没有期中时发挥得那么好，但相较于之前的成绩，我已经非常满意了！

有时，我总觉得我在推着一个大皮球上坡，只要我一松手，大皮球就会滚下坡去；但只要我不放弃，也许大皮球就会这样越滚越高呢！

薄心妍

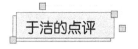

真心不容易！很多老师遇到这样的情况，坚持了一阵后就放弃了，学生成绩就越来越差，其在学习上也愈

加容易自暴自弃，慢慢变成了"学困生"。你能想尽办法，并且持之以恒，所以会有让人惊喜的回报。

"推球上坡"，老师是非常辛苦的，所以还需要经常和家长沟通，家校合作互动，不然老师孤军奋战，家长置身事外，老师太累了！

"推球上坡"，老师只能尽力而为，毕竟不是只有一个这样的学生，每个班都还有一大群学生需要关注和付出。不要多想什么，就把"推球上坡"变成一个习惯或本能，直到他毕业；更不要奢望什么，随着功课难度的加大，量的增加，只靠老师盯着学生，而学生不努力上进，他肯定会有"滚"下来的时候。

让他做"小老师"教别人是最好的方法：一是他接受能力强，有做"小老师"的能力；二是通过教别人他自己也掌握得更加透彻；三是他无事就要生非，做"小老师"就是给他点事情做；四是让他做"小老师"也是老师对他的一种肯定与赞赏；五是让他不得不认真听课，不然教不了别人可就没有面子了。这样也渐渐让老师推他"上坡"时能够省力一点。

开学前的忐忑不安

在快开学的时候写下这篇文章,其实也是在缓解我的焦虑。

明明自己已经是带过初中三年完整一轮的老师,可内心还是有点忐忑,似乎有些忘记三年前的自己是如何教授课文、如何带班的了。三年的时光,我曾经觉得无比漫长,但真的经历后又觉得似乎是转瞬之间,那些日日夜夜的细节,恰如潮水一般迅速地后退了。

我依旧还像个新教师一样,担心不知道怎么管理新的学生,管理不好又该怎么办。我又将面对一段很长的磨合期,又要面对那个一直困扰我的问题:第一天和他们见面该说些什么?是微笑还是严肃地板着脸?

不知道这种感觉是只有我自己才有,还是也有人和我一样焦虑不安。

看身边那些和我一样入职不久的老师,他们似乎都是笃定安然的样子。

我回忆起自己带过的第一届学生的点点滴滴。

记得从中考完到成绩出来前的那些天,孩子们大多没有任何音信，只有几个爱玩的学生来找我聊聊天。

中考成绩出来以后，大部分学生都达到了自己预定的目标。在发成绩册和毕业证的时候，学生们还悄悄地送给我一个足球，上面签满了他们的姓名。我接过足球的时候，心里乐开了花，还调侃道："这球不能踢啊，只能供着！不然一脚一个小朋友的名字就没了！"他们也笑着点点头。

我收到最多的礼物是联名的小纪念品，也有人给我写了很长的一段话。我也收到了很多家长的感谢短信，我都一个个认真地回复了。

这种情况也就持续了几天，之后他们便悄无声息了，我和同学们唯一的联系就是防疫的统计，这倒也让我间接地知道了他们在暑假里的生活是怎样的。

到了暑假的后半部分，除了寥寥几人之外，我和这批学生的联系就变得更零星了。还有学生在群里感慨："刚毕业，群就安静了。"直至今天，群里也是平静如水，没有一丝涟漪。

看着那条信息，我有些放空自己：这是自己带的班级凝聚力不够，还是普遍的现象？其他班级的学生毕业了关系也这样淡薄吗？这更加剧了我内心的不安。马上接手新的班级，面对众多的学生，我又该如何处理好和他们的关系？

三年前刚入职时，我还没有见到学生，就有一位家长气势汹汹地打来电话,询问他的孩子在家里的各种表现该如何处理。我那时候支支吾吾,说不出个所以然来,只能回答他我需要和他的孩子相处一段时间才知道如何处理。家长便反复提及,新老师可能经验不足,还是要多学习学习。这件事情给我留下了心理阴影,以至于从第一次开学起我就谨小慎微,努力不做错任何事情。

时间一天天从指缝间溜走,开学的日子马上就要到了。我已如惊弓之鸟,有些害怕这一天的到来,担心不能及时恢复自己的状态;但又如初生牛犊,有些跃跃欲试。在矛盾和焦虑中,自己一天比一天醒得早。

刻不容缓,快点帮我指点迷津,告诉我该如何调整好自己的开学状态。如果不是新初一,而是中途接班,又该如何是好?我要早点为自己面对新班级备好良策。

李润于

你是在写我此时的心态吗?哈哈,我如果面对同样的境况也会忐忑不安呢!

我敢打赌,除了那些口是心非的人,其他所有知道自己要做班主任的人在快开学前,都和你拥有一样的心情:忐忑不安,而又跃跃欲试。

我告诉你一件好笑的事：多年前，学校要开学了，我们班主任就去抓阄，抓到哪张纸条就带哪个班级。你知道的，老师都担心会抓到有学困生的那个班级。你的阿婆知道后，竟然要我在手指上涂点味精，说这样可以"手鲜"一点。结果我抓了个有年级最低分的班级。

人就是这样的，做一件重要的事之前总会胡思乱想，等真的上阵了，也就按部就班开始工作了。

至于毕业了的学生没过多久就在群里变得安静了，那是再正常不过的事情了。毕业就是毕业，要等到十来年后同学聚会才会再热热闹闹呢！这和班级凝聚力无关。

我已经接到通知要去接初二倒数第一的班级了。为了不让自己被忐忑的心情打乱阵脚，我开启了"手机网购"模式。要不，你也来吧！

第一，我在网上购买了10套杯子、碗、筷和勺子。这样开学后的教师节，我就可以把它们送给任课老师们了。所有任课老师用着同款吃喝用具，是不是很有趣？

第二，订购了班级布置的各种用具，包括评比栏、五角星、不用钉子的订书机、长尾夹等。这些一开学就能用到。

第三，做好学生席卡。你可能还没有拿到学生名单，那就可以先将席卡折好，到时候只要写上名字就好了。这样方便你将名字和人迅速对上号。

……………

也就是说,你如果忐忑不安,不如去做点事情。你做得越多,心里的不安就越少。至于半路接班该准备什么,其实和新接班时是一样的。

一切重新开始。心里留下的一些阴影,就留着吧,或许还会提醒你不要掉以轻心。我们行走在教育的路上,如履薄冰,需要谨慎前行。

他有"磨洋工大法"

过了个暑假,小曹似乎长大了不少。

数学课上,小曹的注意力高度集中,每节课都会积极地回应我,对于我提出的每个问题他都要举手发言,作业也写得又快又对。

正当我沉浸在他变懂事的喜悦中时,却被他第三周的行为浇了一瓢冷水。

第三周,他上学期的老毛病又犯了,三门主课作业一份都没写。我问他原因,他也不作声。我念他这学期是初犯,便没多追究,只是让他把没做的作业补上。

没想到我的不追究换来的却是他的肆无忌惮。第二天,他依旧如此,但这次他向我保证,这天的课后作业肯定能交上。可是第三天,他翻遍了书包也没有找到作业,但他信誓旦旦地和我保证肯定是写好了,我因不想麻烦家长专门为送作业而耽误工作跑一趟,便没让家长把作业送过来。到了第四天,他依旧"没带",这次我联系了他的家长,但家长在家中没找到。

我的脑海中立刻闪过一个想法,但我多么希望这是自己想多了。最终，在我的"协助"下，小曹终于在他的书包里找到了那本"放在家中"的作业，这几天的作业都是一片空白。

那一刻，我失望至极。

其实，像他这样的孩子很常见，回家不想写作业，到学校又怕被老师批评，于是只能找各种借口，甚至一而再、再而三地欺骗老师。但他们没有意识到，这些作业不会因为他们回家不做而被赖掉，更不会有人替他们完成。虽然对小曹极度失望，但我还是耐心地和他讲了这个道理。

我没有再联系他的家长，之前联系过多次都因为家长工作忙而无果。我深知，他的数学作业得靠我自己收上来。

之后的每一个课间，小曹都是在我的办公室里度过的。

起初，我忘了他"磨洋工"能磨到极致的特殊能力，课间八分钟我亲自去教室喊了他三次。他每次都在翻找东西，却每次都找不到要找的物品，直到下节课上课铃响，我也没见到他的人影。

第二节课间，我提前帮他准备好了文具，并到教室里拿好他的数学作业，这次他只能乖乖地跟我去办公室补作业。中途，他要喝水，我拿出一次性纸杯给他倒上；他要上厕所，我把手机调到计时界面，给他一分钟时间去解决。

我清楚地知道他的坏习惯，每次他来办公室补作业，只要我不看着他，他便或是玩手，或是玩文具，又或是玩他的作业本，甚至有时看着一处发呆，总之就是不动笔。于是，我调整好座椅的位置，面对着他批改作业，一刻都没有让他离开我的视线。数学作业补完了，我依旧还是每节课下课都去等着他，送他去补语文和英语作业。

你以为小曹的这一天就这样度过了？其实并没有。

放学后，我将他留下做当天的数学课后作业，做完才放他走。或许是实在受不了我这一天对他的"魔鬼式盯梢"，只用十几分钟他就完成了。

后来的一周，几乎也都是这般情形，我难得会给他几个自由的课间。当他将所有科目的作业都补完时，我还会额外给他出一些习题进行巩固练习，也算是给他开了个"小灶"。

小曹的"磨洋工大法"在语文作文誊写上也被发挥得淋漓尽致。语文老师也深知他的这个坏习惯。这周有一节作文誊写课，由于语文老师还有整个班需要顾及，无法只盯着他一个人，便让我带他去补作业。

我左思右想，还是让他在我这儿誊写作文吧！我再次被小曹震惊到了，这誊写作文比做数学作业还夸张！数学作业我看着他，他就能快速地写完；作文誊写我看着他,他都写得极慢,且写一两个字就停一下,或是转笔,或者玩手,十分钟就写了个标题。难怪语文老师将他送来给我,他若待在教室里,那么一节课确实是白白浪费了。

我灵机一动,拿起他的作文草稿,一个字一个字地给他报了起来让他誊写。果不其然,这样一来快多了,他也不再玩笔和手了。一节课下来,作文誊了一大半。课后,语文老师看到了我们的成果,大为惊叹。她也和小曹说了我用整整一节课的时间帮他念作文的良苦用心,让他好好地谢谢我。虽然小曹没有将"谢谢"两个字说出口,但从他眨巴眨巴的眼睛和不好意思的表情中,我感受到了他的谢意。这一节课的时间,终究没白费。

或许是真的被感动了,又或许是不想再忍受我的"折磨",小曹上课又积极起来。他也摸清了我的路数,为了每天不被留下来写作业,他会抓紧时间写课堂作业,写完后赶紧完成课后作业。

看来时机成熟了。课后,我将他喊来办公室,他自觉地带好文具,但这次我们只是坐下来聊了一会儿。他坦言最近一周过得很煎熬,也承认了之前的错误,并向我保证之后肯定会认真完成作业。我相信了他,之后没再让他每个课间来办公室。

这次他没有糊弄我,至少到目前为止,他没有再拖欠一次作业。国庆前的单元小测验，他也考出了我接手班级一年多以来的第二次优秀。可喜可贺，"付出终有回报"真的不是说说而已。

虽然"推他上坡"确实挺累，可能一不留神他又"滚"下去了，但想要彻底改掉他的"磨洋工大法"，真的需要锲而不舍。也许过不了多久，他又会施展一次"磨洋工大法"，但我不会放弃这个"大皮球"。我相信，终有一天他会真的长大，真正明白我们的良苦用心。

薄心妍

于洁的点评

真的辛苦啦！

看到有些地方，我都笑出声音来了，如"中途，他要喝水，我拿出一次性纸杯给他倒上；他要上厕所，我把手机调到计时界面，给他一分钟时间去解决"。小曹遇到心妍，算他"倒霉"！

这世上最怕"较真"二字，一个老师要管一百多个孩子，总有像小曹这样让人操心的。刚开始遇到的时候，老师很耐心，但是次数多了，时间久了，耐心就渐渐消失了。在这场持久战、拉锯战中，胜出概率更高的常常是"磨洋工"的学生。因为人的耐心是有限的，而老师也是人。

让我感动的是结尾的那段话,对我这个老教师也有警示作用:"虽然'推他上坡'确实挺累,可能一不留神他又'滚'下去了,但想要彻底改掉他的'磨洋工大法',真的需要锲而不舍。也许过不了多久,他又会施展一次'磨洋工大法',但我不会放弃这个'大皮球'。我相信,终有一天他会真的长大,真正明白我们的良苦用心。"

我想,当我遇到一些调皮顽劣、屡次犯错的孩子时,会想起心妍的这段话。

没发出的信息

小青是个皮肤黝黑的"腹黑"男孩。或许用"腹黑"这个词语来形容他没有那么恰当,但他和善的外表下却藏着一些"小心思"。他个子小小的,但说话时声音的爆发力惊人,脸圆圆的,配了个"西瓜头",像鲁迅《故乡》中瘦下来的少年闰土、胖一点的少年水生。只不过他可没有怯生生的水生那样害羞。

他的"领地意识"很强,自我保护欲更盛。上课时,他和别人说话被老师批评,他总能把错推到其他人身上。作业没交,他就埋怨别人没有收他的作业,最后却厚着脸皮从书包中找出来笑嘻嘻地递给小组长,一边还埋怨着坐在他前面的"好哥们"。好在"好哥们"脾气好,也没说什么,倒是小组长一脸不爽地看着他,嘴里嘟囔着"迟到还有理由说"。他被戳穿了谎言也不觉尴尬,只是嘴里继续碎碎念。他最大的问题便是这种"碎碎念"。

最让我生气的一次就是有次在课堂上,我正兴致勃勃地讲解角色的背景,询问同学们这个人物可能说出怎样的话语,他脱口而出"我×××"。这些脏话着实令人极度不适。

我愤怒极了。当时正好讲到了省略号的作用,我便停顿了两秒,接着和其他同学讲刚才的停顿是为了话语的延续,以此来表示我愤怒的心情,也有加强语气的作用。同学们心领神会地笑了起来。那堂课我没再正眼看过他,他也察觉到我的愤怒,不再敢插嘴。

下课他刚想溜,就被我叫了过来,一群同学也围上来看热闹。我看得出他很要面子,便一本正经地指出他的缺点,其他同学也七嘴八舌地补充。他顿时面红耳赤,摆出一副很真诚的样子,我说一句他点一下头,不过还是有些敷衍。于是,我拿出手机,当着他的面给他爸爸发信息,内容如下:小青爸爸,您好。您的孩子在语文课堂上使用不文明用语,扰乱课堂秩序,对其他同学产生了不良影响,这已经成为他的一种习惯。所以建议您回家问一问他,这些话是从哪里学来的。如果继续下去,恐怕这个孩子会偏离正常轨道。我打字打到一半,他已经开始求饶了。

我心中一喜:还好,他不是天不怕地不怕的娃。我不慌不忙地打完字,看着他脸上焦急的神情,便让其他同学先走,单独留他下来。看得出来,他这回吃了不少苦头,面子没了,回家还可能挨批评。我就来个"打一棒子,给个枣子",我将刚才打出来的内容留在和他爸爸的聊天框内，没有立即发出去，语气稍缓和地说："早知今日何必当初，如果再发现有这样的事情，我立刻发出去，你也立刻来我这儿报到……"他如小鸡啄米般地点头，我示意他去上体育课。他悻悻地走了，估计内心很怕我食言令他回去挨骂。

第二天，我上课的时候瞄了他好几眼，用眼神制止了他几次想说话的冲动。不错，省力多了，他眼里有了畏惧，内心知晓了轻重。只是下课后，他依然吵闹，性格使然，像这种顽皮的学生，在同学中风评不好，恐怕会影响周围的同学，守纪律也只是暂时的。那么，究竟有无方法帮助这类学生改正缺点呢？

李润于

今年是你工作的第四年。我在你的文字里看到了你的成长。

其实，老师教书到了一定年龄，就会发现变化最大的是自己。

学生们几年后各奔东西，老师还留在原地。学生有自己的天地和人生去闯荡，老师却很容易原地踏步不前。

所以，相比小青的未来，我更在意你是否有进步。

第四年，常见的学生类型你应该都见到了，好学上进的，调皮捣蛋的，偷懒懈怠的，等等。若你再教第二轮，也就见怪不怪了。

遇到问题是否能够沉得住气一些了？教育方法除了"三板斧①"是否多一些了？与学生相处是否平和从容一些了？遇到屡次犯错的学生是否耐得住性子教育他们了？

如果问我，我三十年教育教学最大的进步就是终于明白了一个"磨"字。

磨不是忍，"忍"字心头一把刀，这会伤到自己；磨是磨砺，虽然自己不再锋芒毕露，但处理问题更能寻找到切入点，磨的过程是一个让自己内心强大的过程。

小青这样的男孩子，未来是最不可知的，也许很好，也许不好。你只管用各种方法尝试就好了。

有时候，正是这样的孩子的存在，才能成就一位好老师。

你且笃定就是。

---

① 三板斧：简单粗暴的教育方式，比如训斥、叫家长来学校、送德育处等。

她不喜欢数学

"我不喜欢数学,我不想上数学课。"刚一进教室,我便听到了这样一个声音。循声望去,只见小雪正用她那双大眼睛紧张地注视着我。

而我并未停留,如往常一样开始了我的数学课。

课后,我将小雪喊到我的办公室。小雪蹑手蹑脚地跟着我,时不时地向我瞥一眼。瞧她紧张的,是在担心我会狠狠地批评她吧!

我柔声地询问小雪课前说那番话的缘由,虽然语气已十分柔和,但小雪依旧畏畏缩缩不敢作声。我不禁想问她:"我有这么可怕吗?我又不会吃了你!"此话只是在我脑中游走了一瞬,并未真的说出口。

我笑着安慰道:"每个孩子都会有自己很喜欢和不喜欢的科目,这是很正常的,老师并没有责怪你的意思。我小时候也一样,很喜欢数学,不喜欢语文,觉得语文字又多,又难懂,作业要写好久好久。相比之下,数学就简单多了,只要把一些数字组合在一起算一算就好了。咱俩倒是挺巧,恰恰相反,要不你和我说说,你最喜欢上什么课?"

听完我的这番话,小雪像是吃了一颗定心丸,立马和我分享起她最爱的科目:"我喜欢上音乐课。我最喜欢唱《黑猫警长》,音乐老师还教我们配上了动作,可有意思了……"当小雪说起音乐课时,脸上洋溢着发自内心的笑容,还带有一丝自豪感。我真希望有朝一日她谈起数学课时,也能这般自信。

我和小雪继续聊了一会儿音乐课,又回到了最初的话题:"你能和老师说说,为何不喜欢数学吗?"

经过刚才那段轻松的讨论,小雪不再那么拘谨,从容地回答了我的问题。原来小雪对数学的讨厌,主要有三部分原因:

一是因为上课注意力不集中。这导致每次课堂问题她都不会,作业也不会做,久而久之,她在数学上的学习积极性逐渐下降。

二是因为写作业速度太慢。她每天语、数、英三科作业忙不过来,课堂作业每次都是最后才交,课后作业也会写到很晚,这让她觉得数学是个负担,太难、太复杂。

三是因为我。刚开学时,她是小组长,但每天来得太晚,收作业又太慢,自己的课堂作业也总是交不上,每次她这组的作业都交不齐,我便换了个人来收。再加上因她连续三次作业没写,我批评了她,让她站了几分钟，她就此有些埋怨我，连带着也怨上了数学这门课。

我很欣慰，她愿意跟我说实话，愿意把所有原因都告诉我，同时拥有一颗纯净的心灵。这也让我肯定，她不是真的讨厌数学，只是失去了在数学上的自信。

同时，我也做了反思。也许有时，我的行为并不那么妥帖。试想，如果我事先给她"打好预防针"，不在全班面前将她组长的职务换掉；如果我早一些和她谈心，了解她完不成作业的原因，她也不至于这么"记仇"。

三年级学生已经拥有了很强的自尊心，我们应该保护其自尊心。他们很在意别人的评价，能在表扬中发现自身的价值，增强自信心，因此我们要多鼓励，少批评。

他们自我调节能力较差，情绪很不稳定，教师要多关心学生的心情，帮助其调整坏情绪。他们对一种事物的注意力保持时间较短，耐性和自觉性较差，需要教师经常在旁督促和提醒，帮助其养成良好的习惯。

我给小雪提出了三点建议：

一是上课认真听讲，不随意讲话、做小动作，积极举手发言。

二是下课后抓紧时间写作业，利用好碎片化时间，在作业完成的情况下，再和同学一起玩。

三是遇到不会的题目，大胆来问我，我非常欢迎她向我请教数学题。

与此同时，我和小雪还做了个约定，如果她上课能认真听讲，作业能按时完成，我就会给她奖励，从一天之约到两天之约再到一周之约。

　　小雪本质上是个非常乖巧的女孩子，那次谈话以后她改变很大。她不再那么懒散了，做作业的速度也加快了，上课还能主动举手发言，虽然偶尔还会做点小动作，但只要我一个眼神，她立马就能继续认真听课，一切都在往好的方向发展。但我知道，要帮小雪重拾对数学的信心，这些还不够。

　　转眼来到了新的学期，要重新选小组长，机会来了。

　　和上学期一样，小组长先由学生毛遂自荐，再由全班民主选举。也真巧，到了小雪这一组，没有一位同学举手。

　　"这组的同学是都不敢当数学小组长吗？那这样，我数到三，第一位举手的同学便是这组的小组长。"小雪没有辜负我的期望，第一个举起了她的小手，我向她投去了赞许的目光，心里暗想：她是喜欢数学的。

　　第一周，小雪表现非常好，上课认真听讲，居然还主动问了我两次题目。每次指导后她都会很兴奋地告诉我她会了。她到校后的第一件事便是催组员交作业，下课后的第一件事是像"小老师"一样检查组员的口算本，干劲十足！我想，过不了多久，她应该就能重拾在数学上的信心了!

像小雪这样的孩子,内心比较敏感,很在意别人的评价,偶尔会犯些小错误。对于这类孩子,我们的方式不能过分强硬,要多和他们交流,尝试着以朋友的方式走进他们的内心,了解他们的真实想法,给他们关爱,多些鼓励,多些真诚。

永远用欣赏的眼光看待学生,永远用宽容的心态面对学生——这是我需要学习的。

薄心妍

于洁的点评

看完全文,我的内心是愉悦的。

我替小雪高兴,她再次赢得了老师的欣赏;也替心妍高兴,从提出问题"她为何不喜欢数学"到分析小雪不喜欢数学的原因,再到解决了问题,一步一个脚印,妥善地帮助小雪重拾学习数学的信心。

低年级的孩子如此,中学生也是如此,他们常常因为喜欢某个老师就喜欢某门课。而他们喜欢某个老师的原因很简单,有时候是老师表扬了他们一句,有时候是老师对他们笑得很真诚。老师很多无心之举,在孩子看来都是有意而为之。

活干得不好,就撤掉职务换个人,这在教育中是常有的事。这是为了班级着想,无可厚非。但是,我们还需要安抚好被撤职的学生的情绪。成年人觉得没什么的小事,在孩子那里却是大事。

一个年轻教师的成长,一定是一件件小事累积起来后通过反思达成的。经历了小雪这样一个孩子的起伏变化,下次再教到类似的敏感型孩子时你就知道如何对待了,知道怎么和他们说话可以听到他们的心里话,知道用怎样的神态表情和他们交流,知道怎样抓住机会帮他们树立信心。这样的一个个"知道"就是在教训中反思后累积起来的经验。

看这篇文章,我心里是柔软的,眼前仿佛呈现出一位年轻教师蹲下身子,和一个可爱的小孩子轻声交谈的画面,很美好。

淡漠如他

小斌，个子高高的，留的是20世纪90年代的男青年的发型（大背头），配上他长期有些忧郁的面容，很是有种当代"丧文化[①]"青年人的感觉。

我和小斌的接触不多。一开始他坐在班级的最前排，上课也不讲话，时常拿一支笔，五分钟前和五分钟后的样子和笔记都是一样的，也许是发呆，也许是懒惰。若有人敲敲他的桌子，他便抬起头望一眼，仿佛刚从某个幻境中脱离出来，眼神有些涣散。

如果这节是需要写练习的一堂课，他会耐心地等他后桌的男孩写好后，拿出一个本子，悄悄和后桌在上面玩五子棋。声音总是后桌男孩发出来的，他连玩的时候都很安静。

也正因为如此，他并不会经常因纪律问题被点名批评，而是会因为作业不合格、默写不过关被老师关注到。

[①] 丧文化：一些新时代的年轻人在现实生活中因生活、学习、事业、情感等的不顺，在网络上、生活中表达或表现出自己的沮丧而形成的一种文化趋势。

比如我的语文默写，翻开他的本子，鲜红的"重默"二字充斥着本子的每个角落，仿佛他是一个长期请假的孩子，只有默写的时候来上学一样。

开学短短一个月，他便收获了近二十次"重默"，而且次次不订正。每当我定时翻阅前面订正的时候，他总会被我叫过来，然后我会递给他一本其他同学的内容较完善的本子，让他对照着订正。

第一次这样做的时候，他被我叫过来，按照"每个错误写三遍"的要求订正了整整两大面纸，大半个午自习都在埋头苦干。他的字虽然不算工整，但是排列有序。我看着都不好意思太快地给他下定论，批改的速度也放慢，总觉得对他这半个小时的努力要认真对待才行，反而变主动为被动。他默默地看着我批改，一直很安静。

批完之后，我长舒一口气，本想对他说"你要经常性地拿自己的默写本看看，把错的复习复习"，但想到他的默写本上几乎全是错误，又把话咽下去了，换了个话题安慰他："一定记住今天一次性订正这么多遍的辛苦，你要时刻检查检查，不会多问。"他点了点头，回到座位上去了。

我从未看见过他在课堂上有稍许的紧张，也未见过他玩世不恭的样子，一切都是那么安静，他不惹别人，别人也不惹他。我恐怕是无法找到和他的共同话题了。

有一次，我在早自习课看见英语老师找他谈话，虽然我没有听清楚内容，只是与他擦肩而过，但意外发现他本该很精神的脸上透出些许不自然，似乎很疲惫的样子，像是没有睡好。"经常熬夜"这几个字恐怕是比较贴合他的生活作息的。

这些都只是我根据所观察到的情况猜测的，和他聊过几次，他也只是木讷地回答，既简短又没有任何感情。我实在没有切入口，也不知道从何谈起。他还是常年不交作业，也还是重默"钉子户"。当我希望自己关注他的时候，总会被他淡漠的表现击退。那不是真正的冷漠，而是一副生人勿近的样子，让人无从开口。

面对这样性格淡漠的学生，我该怎样和他接触，通过他后桌的朋友吗？他现在搬到后面的位置，我就更加不容易发现他的亮点了。该如何夸，如何聊呢？

李润于

于洁的点评

熬夜？没有兴趣？自暴自弃？家庭情况？这些打着问号的点，一旦透彻起来，这个学生性格淡漠的原因就会明晰。

有一种植物叫"落地生根"，生命力之顽强，长势之欣欣向荣，让人看了着实惊叹。

在快节奏的现代生活中,很多人缺了这样一种落地生根的精神。

物质上无须操心,精神上有手机游戏,学习上毫无动力,未来茫然不知,于是像小斌这样的孩子渐渐多了起来。

他们不吵不闹,安静得如与世隔绝一般,沉溺在自己的世界里。我们手里所掌握的教育方法似乎对他们全然无用。

而事实并非如此。血肉之躯,不是冷血动物。越是封闭的心,越曾有过风霜雨雪。你最好能够找到某一个点,比如五子棋,既然他喜欢偷偷在纸上下,不如和他实战一次,反正你也不怕输。输了也许反而是件好事情,让他看到一个老师的诚意。他被你抓着订正时的态度挺认真的,说明他还是能够接受你的教育的。就怕你嫌烦,觉得他每次都要这样推着走很累。可是若你不推着,他得到的信息是老师已经放弃我了,那结果就只能更加糟糕了。

有时候,除了"高大上"的教育方法,真正有效的方法其实是不厌其烦地努力推动。有时候,老师也要像那落地生根的植物一样,有顽强的生命力,扎根在土里。尤其是遇到这样冷漠的孩子,那就让自己昂扬的生长态势去带领他一起激发生命的活力。

终于改变了她的慢速度

小姝是个温婉可爱的小女孩,整个人肉嘟嘟的,声音细细软软,不过她说话总是慢慢吞吞地,做什么都比别人慢半拍。

速度慢使得小姝的成绩一直不是很理想。我刚开始只是以为这孩子注意力难以集中,但慢慢熟悉后,才意识到她这速度慢的严重性。

每一次请她回答问题,她都是慢慢吞吞地站起来,张了张嘴,好像说了什么,但声音太小,我全然听不清。我想让她大声地再说一次,她却不自信地低下了头,再也不吭声了。后来,我总在请她回答问题前就站在她的身边,才终于能听清几个字。

做课间操时,她总是有气无力的,手臂伸不直,脚抬不高,节奏跟不上,哪怕有人在一旁监督着她,也无济于事。天冷时,换上厚重的衣服,做操的她就宛如一只在做慢运动的小熊,倒是有几分可爱。

小姝的学习习惯也欠佳。在做课堂练习时,总需要我提醒,她才慢慢悠悠地找起笔来。但即使笔在手中,她也是写一个字,转一下笔,再写下一个字。只要我稍不留神,她的笔就像被施了魔法一般,定住不动。为了纠正她这个不良习惯,我课后为她单独辅导,教她写字的正确习惯,并监督她完成课堂作业。但她这个写字习惯已经持续了两年之久,一时半会儿想改变真不是件容易的事。

苦恼之余,我决定找其家长沟通。那是我第一次在网上找家长私聊,我想通过家校合力,帮助小妹改掉写字时的坏习惯。我编辑了一长段文字,发送前斟酌了好几遍,才点击了"发送"。可是等了两天,我也没得到任何回复。我困惑不已,将那段话拿给班主任看,生怕哪句话让家长感到不舒服才没有得到回复。和班主任交流后,我才得知,小妹父母很少回复老师的消息,她也曾多次打电话与他们沟通小妹写字习惯的问题,但都因父母不在小妹身边管不上而未果。那一刻,我有些心疼这孩子。

从那以后,我便对小妹格外地上心。

课堂上,我会额外关注小妹的听课状态;课后,我经常为小妹单独辅导。一次偶然的课后辅导,让我发现了加快小妹写作业的好方法。那次,我在为小妹和另一名学生一起分析讲解一道数学题后,让他们比赛谁做得又对又快。小妹居然出人意料地率先完成了,且字迹工整,答案全对。原来小妹不是写不快,只是以前都没有

"压力"。本来有些泄气的我也因为这件事重拾了希望。

每次上课看到小姝举手，我都会立刻走到她的身边喊她回答问题。虽然声音依旧很小，但她自信了许多，回答也足以让我听清。答对了，我还会给她表扬；答错了，我也会鼓励她。我对小姝写作业的提醒，也从"快一点写！抓紧！"变成了"你前面的同学已经做到第三题啦！加油，赶上他！""今天写得很快，值得表扬！"小姝还是很有上进心的，每每听到我的表扬，她笔头的速度都会不自觉地加快。

慢慢地，我发现小姝这孩子其实挺聪明，很多题目都是一点就通，只是反应有些慢，需要多给她一些思考的时间。

经过一段时间的摸索，我总结了三个加快她写作业的好方法：第一，先帮她把不会的题目梳理清楚，只有当她理解题意，会做题时，才能动起笔来；第二，限时完成，让她有压力；第三，多表扬，多鼓励，必要时可以让她和同学进行比赛。

通过长时间的训练，小姝动作慢的习惯已经有了明显改善：从写一个字转一下笔，到写好多个字才转一下笔，甚至是不转笔；从几乎每次课后都到我的办公室补作业，到能赶在下节课上课前交作业；从每节课都需要我监督提醒，到基本能够自我约束。我很欣慰。

元宵节时，小姝还为我们唱了一首《小草》。这是我第一次看到小姝这般自信，相信她以后也能在学习上展现出如此自信。

这学期，小姝的父母将小姝转学到了自己的身边。希望小姝在父母的陪伴下，像颗种子一般，勇敢地冲破泥土，将嫩绿的幼芽伸出地面，指向天空，在今后的学习和生活中与自信为伴。

薄心妍

于洁的点评

每个老师都遇到过这样的"慢孩子"，被"慢"逼得一筹莫展是常态。

常见的方法是催促，语言上"不要磨磨蹭蹭，快写！"；动作上敲桌子，指手画脚；神态上更是极度不耐烦。

很多家长陪伴孩子做作业，被孩子的磨蹭、漫不经心气得火冒三丈。

但老师是专业的教育工作者，若是也停留在家长的吼叫式、催促式的方式上，只要班上有三四个"慢孩子"，估计不久就要去医院了。

薄心妍老师的做法归纳起来有下面几点，而且收到了很好的效果：

第一，注重观察，在单独辅导中发现孩子动作慢的原因。

第二，伙伴比赛，利用好这个年龄段孩子喜欢比拼的心理。

第三，对症下药，梳理题目，限时让孩子完成作业，并实行激励措施。

在这个过程中，我比较喜欢的两个字是"心疼"。每一个"慢孩子"或许都有一个不为人知的成长经历，慢的背后可能是极度的不自信，极度不自信的背后可能是父母长期不在身边。

而一名老师的责任，除了想方设法提高孩子的学习成绩之外，更重要的是关注孩子的内心需求，让每一个孩子阳光起来、自信起来。自信是走向成功的第一秘诀。

一个刚走上工作岗位不久的年轻教师，还没有成为父母之前，先有了一群孩子。这些孩子是上天派来的使者，让年轻教师学习如何成为优秀的父母。

当教师心中有了"心疼"，教育就变得柔软、美好起来。

"甜糖"少年

有的人温暖和冷淡的转变可能就在一瞬间。近日,我就碰到了这样一位少年,令我哭笑不得。

刚接手这个班级没几天,小甜便神秘兮兮地凑上来,我一脸疑惑地看着他。他诡谲一笑,舒展开紧握的拳头,掌心躺了两颗糖,问我要不要吃。

我凑近仔细一看,好家伙,他嘴里在盘来盘去嚼着一颗糖,怪不得说话有些含糊不清。我险些顺势就接了过去,心中暗想:要是我接了这两颗糖,班级的其他同学说不定会效仿,课间都开始吃起零食来,那班主任管理起来肯定会不方便。我当即义正词严地回绝了。

哪知他似乎瞧出了我一开始的心动,赖着不肯走。讲台边上的同学也围上来瞪着眼睛看着我。我再三推辞,暗示他马上要上课了。

上课铃声响起的同时,他"机灵"地把糖往我口袋里一塞,便回到了座位上。我哭笑不得,只得先开始上课。

那天,只要他和我打照面,就问我糖吃了没,有什么感觉。我其实一直还没吃，便用几个字搪塞过去："口感挺酸爽。"他来了劲，拍着胸脯夸耀着说："我天天吃，可好吃了。"

我伸出一只手，摊开手掌看着他。他下意识地又拿出几颗糖。"重默去，谁要你这个了。""而且这是课堂，你要遵守纪律啊！"他一吐舌头，一拍脑门，回到座位上乖乖地准备重默去了。

课后的他也太难缠了，我心里暗自想到。课上他也不让人省心，喜欢和前后的同学讲话，是一有想法就会不遵守课堂纪律的孩子。他喜欢讲话，喜欢下五子棋，喜欢吃糖，和老师说话也没有礼貌，成绩也一般，恐怕他把时间都花在吃喝玩乐上面了。

原以为这次拒绝吃糖可以让他消停一阵子，没想到第二天清早，我在校门口值班，又和他碰了面。

早上六点半，我便早早地在校门口值班，提醒家长和孩子骑车要佩戴头盔，刚处理完两个学生在校门口斗嘴的事情，几辆电瓶车便堂而皇之地停在我的面前，上面的孩子都未佩戴头盔。

我苦口婆心地提醒他们要戴头盔时，小甜不知从哪儿冒出来："老师，吃糖吗？"我吃了一惊："怎么又是你？"不过，我看他衣着整齐，证件齐全，比起刚才那些不守规矩的学生要好很多，还是有些安慰的。于是，我接过了这颗糖，揣在口袋里。

傍晚，他走到我办公桌旁，又问："老师，那颗糖好吃吗？"我疲于应对浩荡的重默"大军"，摇摇头："没吃呢！"他有些失望地说："那我把它拿回来，你又不吃。"我点点头，没有回头去看他，继续批改默写作业，并示意他糖就放在外套口袋里。他可能把糖拿走了。批完作业，办公室里清静了，我一摸那颗糖，的确不在了。只是从那以后，他似乎和我不再像之前那般无话不谈了，也许是我伤了他的心？

我反倒有些惶恐，感觉自己不像之前那样对学生那么关注了，也不会很刻意地去拉近自己和学生之间的关系了。这种情况是表明我已经是一个成熟的教师了吗？我彻底摆脱新教师的标签了吗？

李润于

我看到"那我把它拿回来，你又不吃"这一句时，一种心疼的感觉像潮水一样漫了上来。这个孩子递出的其实不是一颗糖，而是一颗渴望和老师热络的心。

之前这个孩子在其他同学面前递给老师糖，老师的拒绝已经让他没有了面子。他再次试探时，得到的则是老师的冷漠。于是他收回了自己那颗想要靠近老师的心。

哪怕老师说一声"谢谢你,等我给他们重默完就吃"也是可以接受的。被直接拒绝,谁的感觉都不会好,何况是一个要面子的男孩子。

这个孩子愿意和老师亲近,他自己在学习上也是很松弛的状态,老师其实可以让他多来帮忙,一方面满足他想要亲近老师的愿望,另一方面也可以让他通过帮助老师给其他同学重默来提升自己,更是让他觉得老师很重视自己。

最好的状态是当他帮了老师的忙以后,老师拿出一颗糖请他吃,老师自己也吃一颗他给的糖,让甜蜜留在彼此的心里。

老教师不等于是冷漠的人,新教师不等于是对学生没有原则的人。不要纠结自己是否已经不是新手了,也不要担心自己已经有点麻木了。我们常说的保持初心,是永远保持对学生的热情,让自己不功利、不冷漠,去研究各种各样的学生,让自己更好地成长起来。

我们更像好朋友

小陈是我的课代表，个子高高的，酷爱打篮球，暑假回来脸黑得我差点没认出来。没事，我已经习惯了他是班里最黑的孩子。

在我第一次选任课代表时，小陈就给我留下了深刻的印象。他自我介绍的语气全然不像一个十岁的孩子，十分老成、自信。他性格活泼爽朗，能言善道，一看就是交际达人。

小陈应该是很喜欢我的数学课的。我常常听到别的学科老师说他话太多，课上老与前后左右的学生讲话，但我的数学课从未有过这种情况，每节课他都会积极地回应我。有时遇到其他学科老师不在，便由我来代课。课前我喊他来办公室搬作业，他会很开心地问我："下节是不是上数学课？"当我回答"是"时，他总会来一句"太好了"；但大多数时候我只是让他来搬作业，他脸上的笑容便会瞬间消失，转为失落的一句"好吧"。

我和小陈的相处不像是有年龄差的老师和学生，而更像是无话不谈的好朋友。有时上课,我会忘带东西,让他跑一趟腿。他常常或是轻叹一声,或是把东西递交给我时轻轻地吐槽一句"老是忘记拿"。每次,我们说话的音量只有我俩才能听见。

有一次我忘记要拿的东西放哪儿了,喊他去找一找,他竟然还"白"了我一眼。我真想开玩笑地问他一句:"谁给你的胆子?"但转头一想,这不就是我给他的胆子吗?想到这,我差点笑出了声,原来我早已习惯和小陈的这种相处模式。

这学期刚开学,小陈经常来向我"借"一次性纸杯。刚开始我以为是他忘带水杯,没多问就直接给他了。但后来几天他常常一天要来借好几次。难道是喝一次就扔了?这未免也太浪费了。我本想找他说道说道,后来才得知,其实每次都是班里其他孩子托他来借的,他们不敢来向我要,只能麻烦课代表出马。真是难为他了,除了帮我跑腿之外,还要帮班里的孩子跑腿。

刚接手班级时,他还喊我一声"薄老师"或是"数学老师",现在我已经很久没听见他的喊声了。每次他和我的对话都是类似于"下节是你的课吗""要帮你抱哪些东西"这样直接的话,似乎只是同龄的两个朋友之间的对话。班里就只有小陈敢和我用这般语气说话,但他和其他老师说话都是毕恭毕敬、一本正经地叫着"王老师""汤老师",唯独我是个例外。

虽然我和小陈大多数时候都像是同龄的朋友一般,但也能随时转化为老师和学生的角色。当他犯了些小错误,我找他谈话时,他会收起平时那治愈的笑容和"不太正经"的语气,很认真地听我说道,严肃地和我对话。

小陈是那种考好一次就会"翘翘小尾巴"的性格,后果就是下次测验成绩会有明显的下滑。当我摸清他这个特点后,每次他小测验成绩很优异时,我都会和他说道说道,生怕他的"小尾巴"又翘了起来。

但最近两次的单元测验他考得不是很好,他却没有给我说道的机会。他把责任归咎于收试卷的学生收得太快,以致他发现错误却来不及改。我有些生气,大家都是同样的时间做题,不可能因为在最后一刻发现了错误而多给你时间,他没有意识到归根结底是他自己没有完全掌握知识点。同时,在他的言语中,我隐约感觉到了他给自己加了点"特殊光环",觉得自己是课代表就可以有某种特权。

"课代表更要以身作则,而不是利用职务之便做一些对于其他学生来说不公平的事情。"我和他严肃交谈后,他的眼圈红红的。

放学时,他悄悄地跑到我面前问:"我妈知道我这次的成绩吗?"

"不知道。"我答道。

"那你能帮我保密吗?"

我愣了一下,还没等我反应过来,他就已经背着书包走了,走时还不忘回头再说一句:"一定要帮我保密哟!"

我本就没打算和他家长聊这次的成绩,只是被他这么一提,心里感觉怪怪的,似乎我被他"牵着鼻子走"一样。向家长隐瞒成绩肯定不对,考砸了又不是大事,如果我因此向家长撒谎,那就更不对了,还得找他说道说道。

到了晚上,他妈妈在微信上找我聊起了这次测验。后来我得知是小陈主动和妈妈说的,看来不用再找他说道了。

很幸运,我能在教学生涯刚开始时就遇到像小陈这样优秀的孩子。小陈能在我"低气压"时用他的笑容治愈我,不得不承认,因为他,我在教学中变得更自信了。但如果他能把学数学的激情,运用到别的学科中,那就更好了。

薄心妍

小学生常常因为喜欢一位老师而喜欢某门功课,文

章里可以看出小陈对老师的喜爱，尤其是师生间出现了像对待家里亲人一样的细节：轻叹、吐槽、"白"了我一眼。这些看了让人觉得很温暖。

确实，遇到这样的孩子是幸运的，师生间犹如亲人一样互相帮衬。

看到后面的时候，我又有一点担心，尤其是他要求老师帮他保密成绩不让家长知道，确实有点利用朋友式的师生关系对老师提出不恰当的要求。幸好后来他自己把成绩告诉了家长。

这样的事情发生过一次，还是要有所警醒：

第一，需要把握好一个适当的"度"，避免小陈"恃宠而骄"。万一你以后有什么事情没有满足小陈，他会"由爱生怨"，导致师生关系破裂。

第二，需要把握好一个适当的"度"，避免其他学生觉得老师有点偏心。因为文中提到了其他学生不敢来向老师借一次性杯子，而是委托小陈来借，这就看出来其他学生都清楚小陈和老师关系不一般。那么这样小陈会不会在其他学生面前摆出一副"恃宠而骄"的姿态呢？毕竟他只是个十岁的孩子。

第三，需要把握好一个适当的"度"，避免小陈只喜欢数学一门课，而对其他老师冷冷的，对其他功课淡淡的。这样容易引发其他老师对小陈的不满，因为对比相当明显。

既然小陈比较听得进你的话，不如劝他好好学习其他功课，不能在其他老师的课堂上随意讲话，干扰课堂秩序。

　　亲爱的心妍，师生如友是老师的幸运，但老师不能忘记要做学生的诤友，该说道的时候还是需要说道的。

磨合中的语文课代表

这学期我没有担任班主任,而是去初二接了两个班级的语文教学。

和两个班级的语文课代表,我已经磨合了快两个月了。

磨合的感受,可以用四个字来形容:好事多磨。

其中一个班的课代表是两个个子高高的女生。

一个是班长,9月刚开学,她就来找我,想要辞去语文课代表的职务。她作为班长,经历了一年多的学习,感觉自己"既当爹,又当妈",还要当语文课代表,事情太多,压力很大,成绩上不去,更有下滑的趋势,于是她的家长就委婉地和她说让其卸下语文课代表的职位。

由于刚接手班级,不太了解初一时的情况,我就打电话和她妈妈确认了这个事情。她妈妈也很客气,言语间明确了自己的意思,我也能理解,就不强人所难了。

于是,我拜托这位班长推荐一位语文课代表,条件是既要成绩不错,又要有责任心。她很快帮我推荐了人选。我松了口气，一件事情就这么尘埃落定了。

第二天，另一位语文课代表小白又不见踪影，没来上学。因为只是普通的病假，我没有在意。第三天，班长和我说，小白身体不太好。我点了点头，心情有些沉重。

之后的两个月里，我只见过小白几面。一开始，她妈妈还让其他同学给她带作业回家，后来就不了了之了。班主任和我说小白有些抑郁，有些厌学。我同情小白的同时，又不知该如何是好，手里只有一位课代表干活，总是心有余力不足呀！

好在班主任大方地将她的课代表分配给我——一个热情活泼的男孩子，名字也很大气，做事粗中有细，真好！

再看另一个班，同样的套路，这位课代表在与我初次见面时就表现出不想当语文课代表的态度。我当时正在批改作业，抬起头真诚地看着她："真的吗？当我的语文课代表是一件很有意思的事情哟！"她犹豫了："我再考虑一下吧！"

又过了一个课间。"我还是决定不要当了。"她瞪大眼睛看着我说。我心里一叹，难道我真的不能有"前人栽树，后人乘凉"的便捷吗？怎么初一的课代表到了初二就都要辞职呢？

点头答应后，我望向另一位课代表。她是一个喜欢戴口罩的小姑娘，好在她没有说什么，不然我的心就拔凉拔凉的了。

"你给我推荐一位课代表吧！"我对"辞职"的那位课代表说。

她选择的是一个和她玩得不错的小姑娘小秋。小秋大大咧咧的，这是我对她的第一印象。

因为课代表是两个女生，班级又在四楼，而我的办公室在一楼，为了避免她们跑上跑下交作业浪费时间和耗费体力，我特地在三楼一个角落里放了一套空桌椅，专门用来放作业，我自己也跑去三楼批作业。在那之后，她们看我的眼神亲切了许多，知道我对她们多有体谅，这样才能合作愉快。

但好日子不长久。

有一次早读，戴口罩的小姑娘跑过来和我说她嗓子有些哑了，这两天不能领读。我立刻示意大大咧咧的小秋替代她。没想到她很扭捏，不肯上去，平常对我"老李老李"地叫个不停，现在怎么临阵脱逃了？

我向她递了个眼神，示意她赶快上台。她极不情愿地走上讲台，声如蚊蚋，好在台下有朗读很好的学生带着读，她的尴尬才被掩饰过去。因为这件事情我没有及时地和她沟通说明，结果第二天，当又需要她领读时，她根本就不肯上台。我只能先亲自担任领读者，可是这样我就不能同时兼顾两个班级的早读了。

我也想过让其他朗读好的同学上台领读，但这样她会不会觉得我剥夺了她的课代表权利？毕竟收作业等其他工作她干得还是很不错的。

我真担心她这样下去会主动请辞。唉，找一位语文课代表咋就那么难呢？我有点怀念我的上一届吃苦耐劳、任劳任怨的课代表了。

李润于

于洁的点评

我们都遇到过课代表请辞的尴尬。理由大致相同。但我的操作方法和你有很大的不同：这可是我的语文课代表，我的左膀右臂，我才不会随随便便让一个学生来推荐呢！此事宁缺毋滥。

我会自己在班级里观察，选择我的语文课代表。怎么操作呢？

我会不动声色地举行一次朗读比赛，或者用"开火车"的方法让学生们一个个站起来朗读某个语段。我会判断学生声音的响度、音色、音调以及自信度。要知道语文课代表若是领读得响亮又自信，早读课的质量就有保障啦！

我瞄中了谁，就私下里悄悄询问："嘿，你朗读真棒！做我的语文课代表咋样？专门负责领读。"因为我给这个学生安排的任务就是其擅长的朗读，所以我遭拒的可能性很小。

要知道不是所有的人都能自信、响亮地上台领读的，这和人的性格有很大的关系。这种事情当然可以慢慢锻炼，可是一下子让声如蚊蚋的人上台领读，那真是太难为她了。不要说学生，很多成年人一听见要上台发言都连连摆手坚持拒绝。

所以我建议你不要勉强她，而是赶紧找个能领读的同学上台，也正好给更多同学机会。

语文课代表要分工明确，作业可以一起收一起送，领读要有专人。这点和学生讲清楚，大家也都能接受。

我建议你及早和小秋好好聊一聊，不妨示弱："我要谢谢你及时帮我解围，不然我们班还真的没人领读了。这次突发事件，有你帮我忙，真的要谢谢你。你在收作业方面干得很好，就是上台很紧张，对不对？你看是你狠下心来锻炼自己，还是我另外找一个同学来领读？一切由你决定，听从你的内心。反正我很信任你，你的决定我一定同意。"

亲爱的儿子，这学期不做班主任，但是管理学生的能力不能退化。该和学生沟通的时候，还是要及时沟通。

自负小童

小童成绩很优异，也很自信，也许他就是那种"别人家的孩子"。班里的孩子对于他作业全对、默写满分、考试满分早已习以为常。

也许这时，你的脑中会呈现出一个上课认真听讲、积极举手，课后认真完成作业的小童的形象，但事实正好相反。

小童经常在课堂上提前做课后作业，我还没讲完新课，他已经开始做习题了，有时侥幸能全对，有时会错很多。对此，我的做法是：发现一次，擦一次。多次以后，他已经基本上不会在我的课上"偷"写了。

但他不"偷"写作业，就会找些其他事来做，或是主动和前后左右的同学讲话，或是弄出些声音来吸引全班同学的目光，又或是不知道在做些什么，反正不是在听课。

他也很少举手发言，我总能不经意地瞥到他那嫌弃的目光。他似乎是不屑于我提出的"小儿科"问题，偶尔起来回答问题，语气也常常给我一种"这不是很简单吗，这都不会"的感觉。我不禁反思，难道是因为之前上课时小童当堂纠正了一道我讲错的题，他才在数学课上这般目中无人。

很长一段时间里，我都以为是这个原因，加之那是我教学生涯中第一次当堂被学生指出错误，课堂上没有处理得很好，甚至有些狼狈，这件事便成了我心里的一块大石头。但自那以后，我备课时会分外认真，生怕在课上再出什么差池。

直到后来，我从其他科老师口中得知，在他们课上，小童也是这般"目中无师"，心里的那块大石头才落下。

不得不承认，小童确实是个很聪明的孩子。虽然他课上很少听讲，但几乎每次的小练习成绩都很优异，至少上学期是这样的。

但这学期，小童两次单元练习都不尽如人意，课堂作业经常需要返工订正，课后作业的错误也很多，甚至订正后还会再错。我与他交谈几次都无果。更有甚者，他上周还非常自信地把作业给后桌的同学抄，幸好班里其他学生正义感十足，将此事告知了我，这才及时中断了这件事。

我深知和小童讲大道理是没有多大用处的，他只会沉默不语，左耳进右耳出。因此，我只是口头警告他不允许再有此类事发生，并留下了他的作业。等大家走后，我批改起了小童提前做完的课后作业。这节课学的是《统计表和条形统计图》，内容很简单，但学生如果不认真听讲，很容易犯许多低级错误。很显然，小童这节课又没认真听讲，他不仅作图的格式错了，还漏了很多我上课时一遍又一遍强调不能漏写的内容。

第二天，我批改其他学生的课后作业后，发现班级里几乎找不到比小童错得还多的孩子。我突然灵光一现：也许这是一个改变他的机会呢？

课堂上，我把小童的回家作业放在了投影上，我没有告诉班里的孩子这是谁的作业，只是让大家一起讨论他错在哪里。仅仅一两秒，大家就争先恐后地指出了小童所有的错误。此举不仅检测了大家对于昨天知识点的掌握程度，更是在告诉小童，上课认真听讲的学生都知道正确的做法。趁大家翻开自己的课后作业订正之时，我悄悄地将作业本还给了小童，他羞愧地看了我一眼。这节课，他听得很认真。

课后，我也和小童聊了好一会，重点强调了班里其他孩子的课后作业基本都比他做得好，他主动"送"作业的对象也没他错得多，以及他这学期的单元练习成绩不尽如人意，同时希望这个单元的练习他能达到自己预期的目标。

被我挫了锐气后，小童的学习态度有了较大的改善，后面几天的数学课他很少再做其他事情，大多数时间都在认真听讲。这周他的课堂作业没有再返工,课后作业的质量也提高了不少,他也没有再发生主动把作业借给别人抄的事情。一切似乎在往好的方向发展。

小童就好像龟兔赛跑里面的"兔子",盲目自信,甚至有些自负,但往往也会因此酿成惨剧。对于这类孩子,我认为首先得让他"看清现实",挫挫他的锐气,让他知道自己并不是最优秀的,还有很多优秀的人比他更努力。其次,要适当给他一些压力,有压力才有动力,让他向更高的目标努力。最后,孩子从盲目自信到飘飘然肯定和生活中被过度表扬、吹捧也有一定的关系。因此,我们在学校里可以减少对他的公开表扬,可以私下表扬、鼓励,不要让他以为自己是最优秀的。

但这类孩子已经习惯了被表扬,他们的抗挫折能力通常比较差,一旦失败,他们可能没办法去面对眼前的困境。因此,我们一定要把握好"度",关注他们的心灵。

要让学生自信而不自大,脚踏实地,砥砺前行。

薄心妍

这样的孩子还真的挺多的,几乎每个班级都有一两只骄傲的"小兔子"。

我时常感慨，这个世界上聪明的人其实真的很多，为什么有的人不那么聪明反而很有成就，有的人很聪明最后却沦为平庸之人。

古代就有方仲永，天赋异禀，却没有好好学习，结果"泯然众人矣"，让人惋惜感伤。这样的孩子一旦恃才傲物，就很容易自己吃亏还被人看不起。

你逮住机会挫挫他的锐气，治治他的自负，但又保全了他的自尊，这一点做得很好，同时也考虑得很周全，这样的孩子抗挫折能力较弱，很容易崩溃。

所以，在教育中我们强调一句话：要表扬一个人的努力，不要表扬一个人的聪明。

这样的孩子更需要学校老师和家长多沟通，家长也要注意不能被孩子所谓的"聪明"蒙蔽了眼睛。世界上最害人的一句话是：这孩子挺聪明的，就是考试的时候有点粗心。

这样一讲就将他所犯的错含糊地掩盖过去了，以至于孩子自己也觉得只要下次细心点就好了，重心完全没有落在做错的题目其实是自己没有彻底搞懂造成的。

所以对于这样的孩子，我们还需要让他把做错的题目再仔细做一遍，看看他是否真的搞懂了，而不仅仅是听他口头上说懂了。

精气神哪儿去了？

我是半路接手两个班级的语文课的。从接手到现在，我依旧记不住很多学生的名字。于是，我只能通过一次次的小测试、两个月以来学生上课的表现和对一些成绩表现"不好"的学生的稍加关注，来记住部分学生的名字。如果是那些表现"平平无奇"的学生，可能会成为被我忽略的一群人。

每次，我都很想对两个班级的学生留下深刻印象，但总是力不从心。每每上完两节课后，我将精力花费在值班、看班、处理"刺头"问题、批改作业和重默背书上面，已经是两腿酸疼，上下楼梯都不如一开始时那么有力气了。

在哀叹自己"老了"的同时，我想要将学生都管好的那种希望也慢慢破灭了，这可能就是积极性的慢慢溃退。每次思考到这里，我就浑身一个激灵。

我看过很多同行网上的评论，他们认为教师这个职业真的是由一股气——责任心撑着。想放松自己，只要将所有人都想象成普普通通不惹事的孩子，只要将本职工作做好就行，无须去做那么多"额外"的工作。

我不置可否。休息时，我拿出手机，看到和教师有关的新闻，正能量的评论寥寥无几，负面新闻下面的评论众多，且言语恶毒。一股子精气神就下去了。

现在的我，回想自己每次上课的时候，依旧认为精神饱满地喊"上课"，与学生互相鞠躬，是对学生最大的尊重。可是两节课下来，我已是气喘吁吁，精气神早已不在，坐到位子上还总是咽口水；喝了热水，拿出放在口袋里的手机，才发现两节课竟然走了大几千步。

我急急忙忙批改学生的默写作业，想着能在下课前批好，这样他们就有足够的时间找我重默，不会留到明天，甚至赖着不写。比较不自觉的学生，我会请他们下课到办公室继续默写。只是看到他们其他作业堆积如山，负担依旧很重，我就有些于心不忍。

在一些大型考试来临的时候，我依旧有些担心，因为知道两个班的学生基础比较差，有时批改作文和默写作业，就有些心烦，学生总是不得要领，且复错率很高。

期中考试即将来临，但期中测试前的三天，我要参加培训，有些课无法调换，只能让学生自习或者请老师看班。这种情况下，要他们自觉地复习，我认为是"天方夜谭"。

目前，我已做好的准备工作是，和班主任提前打好招呼，课代表和班长也已知晓，复习的资料在周末已经下发并要求大家整理后带到学校。接下来，还需要做些什么？万一学生没考好，我肯定要担负很大的责任。

李润于

还记得我和你一起写《致青年教师的信》时的情景吗？你和我都很忙。你刚工作，要备课、上课、听课，要做教研，还要写文章；我更是焦头烂额，手里一堆事，还要跟上你的节奏，给你每篇文章写点评。凭着一股韧劲，我们坚持了下来，很有成就感。

对于你，这样的事情大概是第一次，但对于我，已经很多次了。所以这些年，我养成了一个习惯：事情来了立刻就做，坚决不拖延。没把事情做完决不去玩。就这样，我把自己变成了别人眼中不可思议的高效时间管理者。

记得有一次看一位舞蹈家跳舞，惊为天人。她说："一天不练功，自己知道；两天不练功，对手知道；三天不练功，观众知道。"

我看过一句话，觉得特别有道理，也和你分享：勤学如春起之苗，不见其增，日有所长；辍学如磨刀之石，不见其损，日有所亏。

"学不可以已",想要让自己在考试来临时不慌张,就要在考试来临前下功夫,对学生竭尽全力。这就叫"有底气"。

你虽然不是班主任,但给学生做个席卡也是可以的,这样便于你快速把人和名字对上号。你平时很忙,没有办法和学生多交流沟通,所以我建议你利用上下午的眼保健操时间和学生聊一聊,每次两个学生,按照学号就可以,这样不至于忽略了某些学生。

只要想办法,总能找到办法。

世界上最不应该的事就是闲散地吃着喝着玩着,然后嘴里说:"哎呀,我忙死了,还有很多活没干呢!"

我有个学生在每日一记里对一个偷懒很久又在考试来临前慌乱不堪的学生写道:"与其临渊羡鱼,不如退而结网。停止你手里的游戏吧,你也该对自己负点责任了。"

当"磨洋工"遇到"丢书人"

龙龙是小曹的好兄弟,他俩每每下课总是形影不离。

龙龙和小曹有一个共同的毛病——拖欠作业。但幸好,龙龙没有小曹那么厉害的"磨洋工大法",他不会和小曹一样找笔要用十分钟,也不会上个厕所就"掉坑里"。龙龙的字迹也比小曹清晰很多,作业本也没有像小曹一样变成"一堆草纸"。

但开学第二天,龙龙的数学书就丢了,没几天语文作业又丢了;他的数学《同步练习》是崭新的,因为家长刚刚给他买了一本。小曹是有"磨洋工大法",龙龙怕是有"丢书大法"吧!真不知道他哪天会不会把书包都丢了。

龙龙还是每天的"迟到选手",几乎每天他都是早读开始后最后一个到班的,有时甚至要到广播操音乐响起,我们才能望见他很不情愿地向教室走来的身影。对此,我们也与家长沟通过数次,但都无果。

小曹虽然和龙龙一样不爱写作业,但至少小曹上课时会认真听一会儿课,心情好时还会举手回答问题。龙龙就不一样了，很多节数学课都是他的创作时间，他时而画个"怪兽大作战"，时而画个"动物世界"。经过这么多节数学课上的绘画训练，他的绘画技术已经大有长进，从刚开始我拿起时看不出来画的是什么，到现在一眼就能辨认出来。他似乎对在数学课上作画有一种执念，我撕过、扔过，也谈过话，但每次只要我一不留神，续集就又在一张新的纸上开始了。哪怕让他站着，都阻挡不了他创作的步伐！

但还好，他还是稍微有些觉悟的。当我讲到有意思的环节时，他会抬起头听一会儿；我将他和他正在认真听课的好兄弟比较后，他会碍于面子听一会儿；我让他站起来直到能主动举手回答一个问题后才能坐下时，他会认真地听一会儿。还好，他还算有救。

最近，龙龙请了一周假，又拖欠了不少作业。课间我叫他来办公室补作业。我先将这节课的知识点细细地讲了一遍，然后便让他在旁边做题。或许是我讲述得太快，他没有完全听懂，做到一半时卡住了。我又给他分析了一遍题目，并根据题目提了几个问题，但他没有回答上来。正好小曹也在旁边，小曹立马从"磨洋工大王"变成急性子的"小老师"，替龙龙抢答了问题。后来，龙龙又在一道题上停住了脚步，小曹见状立即又变身为龙龙的"专属老师"，着急地替龙龙分析题目，讲完后还加了句"这么简单都不会"。他那嫌弃的表情和语气让我不禁笑出了声，而龙龙则是回了一个"白眼"给小曹，似乎是在嫌他话多。上课铃响，两人又开心地说笑着回到了教室，一分钟前互相嫌弃的样子荡然无存。

后来的几个课间，我都会将龙龙和小曹一起喊上，龙龙做题，小曹在旁边监督检查。两人本就是每节课间都形影不离，小曹便非常主动地当起了龙龙的"小老师"。我在一旁听着小曹的讲解，发现他分析得非常有条理，一下就能抓到解决这道题目的关键点，偶尔有偏差的地方，我会进行补充纠正。龙龙也非常喜欢听"小曹老师"的数学课，他会很认真地听小曹的讲解，有不同意之处还会和小曹进行争辩，但更多时候是在小曹讲解完后茅塞顿开。

小曹自己最近在数学上进步也很大，几乎每节课都会举手发言。最近一次的期中小练习，他也做得相当不错。当我批到一份字迹不太工整、很难辨认但又几乎全对的练习时，我就猜到是他，只有他能做到这般别具一格。从我刚接手时的错成一片到现在的几乎次次全对，其他学科不敢说，但在数学上小曹绝对是实实在在的一只"潜力股"。

你们都是很优秀的孩子，可为什么总以缺点示人而不向大家展现自己的才华呢？要知道你未必出类拔萃，但一定与众不同。

薄心妍

于洁的点评

果然"卤水点豆腐——一物降一物"。"磨洋工"小曹遇到"丢书人"龙龙时,顿时化身为急性子的"小老师",真是看得人笑出声来!

有时候,当我们面对一名学生时,我们焦头烂额,无计可施,似乎各种方法都用过了,问题仍是无解。比如当我们遇到"磨洋工大王"小曹时,我们耐心劝说过,急声催促过,放学让他留下来过,也和家长联系过,可似乎他就是一只蜗牛。你能怎样呢?只能长叹一声,无计可施。

有时候,当我们遇到另一名学生时,我们好说歹说,软磨硬泡,最后还是败下阵来。比如当我们遇到"丢书人""迟到大王"和课上不听讲的涂鸦者龙龙时,我们更是心急火燎,真想掰开他的脑袋把知识塞进去。

可是,当这两名学生碰到一起时,好玩的化学反应似乎产生了,老师则成为加速反应的催化剂。

老师教龙龙,教出一肚子火来;小曹教龙龙,教出满满的成就感来。

这样的案例,让我这个老教师都觉得眼前一亮。我要到自己的班级去看看,那些让我头疼的娃娃们,能否也来个这样的奇妙组合?

为了重默我们的关系差点闹僵

小韩是个有个性的男孩子,不高不矮,皮肤黑黝黝的,身材精瘦。他和班级里男生关系都不错,很能够玩到一起,但其实他又是个不爱表现的人,甚至有些腼腆,说话语速比较慢,略有结巴,说话时总爱眨眼睛,说完之后就一个劲儿地盯着你。

他给人一种很好相处的感觉。

但他有时也很较真。有一次默写,他兴致勃勃地跑上讲台重默,那其实是一首挺简单的古诗,但他背得不全,估计是回家没有认真背书,结果就漏了几句话。这是他第一轮重默,于是他挺不好意思地挠挠头说"我再背一会儿吧",便自顾自地下去了。

过了一会儿,他在几个男生的怂恿下又上台来默写,这次写得挺快。笔头一停,他略微扫了一眼默写本的内容,很有信心地给我。我看了一眼,眉头紧皱,他一下就没了笑脸,紧张地看看我又看看默写本。见我在上面用红笔圈了几个错别字后,他有些结巴地说:"要,要订正,还要重默吗?"

我生硬地点点头,他郁闷地拿走默写本,花了十几分钟也没弄好。全班只剩他一个人要默写了,我时不时地往他那个角落里瞧瞧。他抬头看在眼里,幅度挺大地从座位上站起来,继续再一轮重默。这次他学乖了,检查了好几遍才将本子递给我,见我用红笔在上面打了一个个圈,他如泄了气的皮球一样站在那边。

　　我看他不动,不耐烦地说:"那你订正呀!"他点点头,用求助的眼神看向我。

　　"去重默呀!"我再次催促他。他终于忍不住了,反问道:"我还要重默啊?"他整个人都仿佛变成了这几个字。

　　"当然了,本就是错一个字就重默,全班都是这个标准。"我坚持原则地说。

　　"那我都重默了好几回,订正了好几回了。"他不服气,我也不甘示弱:"那你错了没?"他愣住了,回到座位上重重地坐下,咬牙切齿地开始订正,仿佛要将我和诗歌一起印在本子上。好在他这次一遍过了,我也舒了一口气。

　　这件事没有影响我俩的关系,他依旧还是很尊敬我,虽然没有道歉,也不是一件大不了的事情。

　　期中考试,名著部分他考得一塌糊涂,十分只得了一两分,于是被纳入名著"帮扶大队"中,每天要阅读十几分钟,来弥补他之前没好好看名著的过错。

今天中午他拉着一个"困难专业户"一起来读书，我坐在位子上忙自己的事情，偶尔去观察下他们有没有认真读书。每次静下心听他朗读，我都能感觉到他是那么认真努力地在读书，没有丝毫的懈怠。这种读书的声音让我感觉到了他的努力，回想起他之前的种种表现，我很欣慰：他的本性很好，只是有时候粗心，有时候心急。

这样的孩子，让他帮老师做做事情，调动他的积极性，也许会让他的学习态度更长时间地保持。但我也感觉不能对他过于"凶残"，这样反而会触碰他的"底线"，也许会伤到他的"面子"。

我想，和青春期的孩子好好说话，很重要。

李润于

读到结尾处小韩和另一个学生来读书时，我的眼前仿佛出现了一幅画面：阳光透过玻璃窗投射进来，是秋天那种淡淡的光，照在办公桌前忙碌的老师身上，照在认真读书的小韩身上。这一刻，很安静，是那种互不惊扰的安静。

初中阶段，这样的安静是多么重要啊！

此前，小韩重默，在全班的注视下，在老师生硬的表情和语气下，他的心是不平静的。他急于完成默写偏又错了两次，期待老师网开一面却又遭遇无情打击。我看的时候都有些焦躁不安起来了。

我认为，要和他好好说话。原则需要坚持，尺度需要一致，但我们可以做的是一种温柔的坚持。比如，轻轻拍拍他的胳膊，圈出那个错字，耐心地对他说："你细心一点，现在就剩下这个字是错的了，只能辛苦你再重默一遍了。"

严格不等于严厉，严格不等于面无表情。

还记得《藤野先生》里藤野先生帮鲁迅纠正解剖图的那个片段吗？他用的方法就是温柔的坚持。我看《藤野先生》的时候，很有感触，能够让鲁迅念念不忘深怀感恩的老师，必定出手不凡。但看完全文，我并不觉得那样的老师有何特别之处，只是后来的很多时间里，这位老师所做的一些事情，始终让我无法忘记。比如，在鲁迅决定离开时，藤野先生送了一张照片给鲁迅，还题字"惜别"。我回忆了很久，我也曾经有过学生因为要回老家等情况转学离开，但我从来没有想过要这样做。

这就是我们一直呼喊的尊重与平等。

为何小韩在办公室读书的时候是认真的？因为那一刻氛围是宁静的，老师没有批评指责，没有横眉冷对，而是给予了安宁。那一刻，师生互不干扰，彼此尊重。

　　善待这样的孩子,尽管他有上述各种问题,但他是可爱的、真实的。

如何让他真正行动起来?

小顾是个脾气有点暴躁,但自尊心很强的男孩子。

他不爱和周围同学互动,也比较怕麻烦。课上,我让大家讨论问题,他对同学总是爱答不理的,于是每次讨论时,我总会不由自主地用眼神示意他或是走近他,这才能勉强让他进入讨论。

对让大家交换作业本互相纠错,他也是如此,甚至有次直接把同学的作业本扔到一旁,在课上喊了声"我不想检查"。对此我也找他谈过,但成效不大。课前每每让他发作业本,他总是很不情愿。若是课代表喊他,他更是会直接拒绝。我也不想勉强他,后来便没再找他发过作业本。

我和搭班老师了解情况后,发现他不仅在数学课上是这般,在其他学科的课堂上也是如此。

偶然一次我和他家长进行了沟通,他家长能说会道,是个很有想法的人,对小顾的要求也非常高,若小顾没达到要求,还会有惩罚措施。这大概也是他性格成因的一部分吧。

每周一和周三放学后,我在和家长沟通好的情况下,会留一部分学习成绩不太理想的孩子义务给他们集中补课,主要是做最近的错题和变形题,待我讲解完之后,先过关的孩子可以先走。这里的成员不是一成不变的,一个月左右做一次调整,进步较大的可以不再参加,但不在其列的退步较大的则得加入进来。小顾之前也在这里待了一个月。

小顾的基础其实并不是很差,但他上课经常走神,对待作业的态度不够认真,平时做题很快,就是不读题,敷衍了事地去做,于是才会成为补课队伍中的一员。

小顾的自尊心很强,加入补课队伍他并不情愿。为早日脱离补课的队伍,在此期间,小顾上课的注意力明显比之前集中多了,对待作业的态度也认真了许多,不再敷衍了事。在我进行集中补课时,小顾每次也都是第一个过关,并且正确率非常高,几乎次次都是全对。每当这时,他都会用带点自豪的语气问我:"我已经全部过关了,我是不是能先走了?"言外之意似乎还在期待着我的表扬。每次我都会顺势当众称赞他几句,而小顾的自尊心此刻会立马得到满足,开心地背着书包回家。

一个月后,小顾如愿脱离了这个队伍。

但近期他又明显退步了。按我的规定,这次他又得加入补课队伍。但他是个要强的孩子,让他回归补课队伍，他定是不情愿的，且鉴于他之前补课时的优异表现，我很清楚，他完全不需要再加入进来，调整好学习态度才是关键。

这次，我将他单独叫来办公室，给了他两个选择：一是留下来参加补课；二是上课认真听讲，作业认真完成，端正学习态度。我给了他一天的思考时间，放学前告知我即可。但小顾也是个急性子，谈话后的第一个课间便坚定地选择了第二个选项。这也是我所期望的选择。

最近这两周，小顾好像又有了努力脱离补课队伍时的干劲，这次虽不像之前那么强烈，但他已经改善了很多，上课又会举手了，也没有再做什么其他引起我注意的事，作业正确率也挺高。我也会适时地在课上当众表扬他，给他肯定与鼓励。

当自尊心很强的孩子犯错时，切忌当众指名道姓地批评，这可能会适得其反，甚至会引发其产生一些不好的情绪。对待这类孩子，我们应该更多地给予鼓励和表扬，当孩子的自尊心得到满足时，他常常就会充满信心地认真对待每一件事情，尤其是自己的能力得到别人的肯定时，他就如同获得了一种无形的鼓励与支持。

对于像小顾这样自尊心比较强，又容易生气、怕麻烦的孩子，我们似乎不仅仅要做到上面这些。但目前我除了不强求他做不喜欢的事,以及偶尔小谈一番外,也暂无他法了。也许再摸索一段时间,我会找到更好的方法吧!

薄心妍

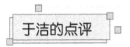

我罗列一下文中小顾的情况:嫌麻烦不愿意合作讨论,上课走神导致进入补课队伍,补课时非常认真成绩很快提升,脱离补课队伍后成绩又退步了,自己选择认真听课不参加补课,重新认真学习。

我这样罗列后,你有没有发现,他需要一个跳一跳够得着的很现实的目标来为自己的行动提供动力。

这是他的家庭教育带来的一个习惯性结果:家长对小顾的要求非常高,若他没达到要求,还会有惩罚措施。这就造成了小顾只要完成了任务就对其他事情没有任何兴趣了。只要不被惩罚,他就万事大吉了。他读书学习的动力来自完成任务不被惩罚。

因此,任务完成后,他是不愿意再去做别的事情的,比如,小组讨论、检查别人的作业本;又如,一进补课队伍他就觉得这是惩罚,必须马上脱离惩罚。

对于这样的学生,我们需要明确每一个时间段的小目标,明确奖励和惩罚。

第一，先说惩罚。比如，不参加小组讨论，如果某道题目不会做，那么放学后要留下来把这道讨论的题目仔仔细细地给老师讲一遍；又如，不检查别人的作业，那就放学后留下来检查补课的同学的作业。

第二，再说奖励。不参加讨论的同学其实是在班级里存在感很低的同学，内心也有隐隐的自卑，觉得自己不是很出色的学生，人前逊色不如不言不语。所以奖励就是努力给这名学生存在感。比如，偶尔他参与讨论时，老师可以站在旁边听一下，随时点评："嗯，小顾同学发言很不错，讲得很有道理；小李同学讲述时条理很清晰……"又如，他检查同学作业后，我们也可以说："嗯，小顾同学检查得可真认真，打出来的钩钩和叉叉简直和老师一模一样；小曹同学还细心地圈出来了哪一个步骤是错的……"

表扬和激励需要落到很细小的地方才会有真正的实效。

去试试吧，让这个只要完成任务不被惩罚就万事大吉的孩子去找到真正的学习动力，享受真正的学习成就感。

令我无奈的女生小团体

班里的女生小团体太过于明显。

这一次的小团体比较特殊，不然我也不会去特别关注。

团体成员目前观察下来有四个女生，她们的座位排列开来就是一个"田字格"。前后左右，转头说话十分方便。

A是一个短发女孩，她是四个人里面比较爱讲话、比较活泼的。每次她们四个人讲话，她总是最先注意到我的眼神，也会提醒其他人这一点。

B同样也是短发，很高冷，有脾气，像个"假小子"，讲话的参与率很高，和她说话总给我一种生人勿近的感觉。

A和B是同桌，B和C是前后桌，C是我的现任课代表，是个乖巧的女孩。B和C关系十分亲密，最为直观的表现就是，每次交作业都是她俩一起来，而不是两个课代表一起来。用"同进同出"这个词形容她俩最为贴切。

D则是我的另外一个课代表,她和A关系好。这中间的关系错综复杂,我也是观察了好久才弄清楚的。

这些倒也罢了,同学之间的友谊我管不了,但是我总觉得她们正因为是语文课的课代表,才敢在我看管的自习课上有些无所顾忌地讲话。

我本人也有些问题,因为一说就得说四个,一定会连带到两个课代表,而课代表帮班级做事情,我是不太好意思很严厉地去批评她们的,关键是她们的工作也和班级平时的安排息息相关。这种处理一旦不是很恰当,就很可能会有不好的后果,比如,她们会来辞去语文课代表的职务,所以我一直不敢轻举妄动。

好在她们讲闲话也只是在少数自习课的时候,但我总是很不舒服。一方面,有人不守纪律我就会很生气;另一方面,她们毕竟是我的两个语文课代表,本应以身作则、做好表率,而不是带头讲闲话。这种情况久而久之地发展下去,其他同学可能也会心生不满,产生抱怨情绪。

有一次默写的时候,有脾气的B借了课代表C的默写纸来抄,被我发现之后,课代表C立马对她怒目而视。课后,我也单独找过B对她言明利害关系,想先让她完成背诵再重默。她本以为我要责怪她,从座位走到讲台的那段路,她的脸色就有些阴沉,低着脑袋也不知道在想些什么,课代表C也一脸紧张地低头写作业。重默好后B的心情好了起来,我和她讲明道理,希望她能够自己调整改变,不要再出现投机取巧的情况。她看了一眼课代表,点了点头。的确,这样的事情再也没有出现过。

但是自习课上四个女生的小团体悄悄说话的问题依旧存在,这依旧让我束手束脚,轻易换座位恐怕也无法根除问题。现在孩子的心理太过敏感,该怎样平和地处理这类问题呢?

李润于

刚工作时,我用了将近两年的时间搞明白了学生对老师应有的感情——敬爱。

先敬后爱。学生对老师没有敬,说明老师没有原则;学生对老师没有爱,说明老师对学生也缺乏爱。

刚工作的年轻教师容易出现的问题是走极端:要么希望学生都怕自己,这样自己"说一就是一";要么希望学生都爱自己,这样自己才有成就感。

但其实更重要的是"敬"。

对有原则的老师,学生才会敬。自习课上只要讲闲话,不管是班干部还是普通同学,老师都应该一视同仁立刻提醒他们,如果学生一而再再而三地违反纪律,老师应该当罚则罚。假如你担心处罚会带来不良后果,那么更要在一开始的时候就进行有原则的悄无声息的提醒。

比如，在一张小纸条上写：你是我的课代表，是我的左膀右臂，我很信任你，所以自习课上我肯定要依靠你帮我维持纪律。以身作则，树立榜样。谢啦！

这样的小纸条，课代表看了是不会有抵触情绪的，反而会对老师心生敬意：老师信任我，但也有原则。

再如，给不是课代表的那两个女生中的一个写张小纸条：你和课代表是好朋友，好朋友就该共同进步。所以，紧紧跟上前进的步伐，提高自习课效率，期待你们四个人一起考上重点高中。

同样，这样的小纸条含蓄地指出了她们自习课讲话的问题，也表达了老师的原则和期待。

另外，目前这样的"田字格"座位，还是有点问题的。你给出小纸条后，需要再观察一段时间，如果效果不行，还是需要和班主任老师商量通过调换座位来解决这个问题的。

就这样让她大方开朗起来

小吴、小陈,都是我的课代表。

小陈能言善道,小吴却是寡言少语;小陈胆大心粗,小吴却是胆小心细。这样正好,两个人的性格形成了一种互补的状态。

小吴性格比较内向,刚刚被选为我的课代表时,总是有点怕我,不敢和我说话。但现在她已经好很多了,之前课前来我的办公室总是一言不发地走到我面前等候我"发号施令",现在会直接问我要准备什么,发什么作业。偶尔她也能和我说些其他的事情,或是吐槽一下小陈课前不来办公室,哪一组收作业太慢,又或是其他一些事情。或许是小陈那大大咧咧的性格感染力太强,又或许是和我熟络了起来,总之小吴现在和我交谈起来十分自如,性格也比我刚见到她时开朗了不少。

小吴的办事效率也很高。我布置给她的任务,从当选课代表到现在,她从来没有搞砸过一次,也从来不会多问一句话,每次都是踏踏实实地完成。

有一天放学时,小吴妈妈皱着眉找到了我。原来是小吴为了少做妈妈额外布置的练习题而故意把作业写得很慢。对此,小吴妈妈自己分析出两个可能的原因:其一,小吴是为了少做点额外的题。小吴每天睡觉的时间点是固定的,每天也都会有额外的作业。如果回家作业很少,她就多做点;如果回家作业较多,她就少做点。其二,前几天的数学单元小练习,小吴错的题较多,妈妈批评了她,话语稍微重了些。母女俩因为小吴作业故意拖拉这件事,一连几天都闹得有些不愉快。从谈话中我也得知,小吴妈妈并不要求小吴每次都是全对,只是这次小吴确实错太多了,她的语气才重了些,但又碍于面子难以和小吴道歉。因常常听小吴在家提起我,小吴妈妈便找到我,想让我劝劝她。

第二天,我找了个没人的地方和小吴一起坐着谈了许久。确实就如小吴妈妈分析的那样,小吴妈妈每天布置的题目大多数都很简单,小吴几乎每次都是全对,做久了,小吴便觉得这是在浪费时间,有些许厌烦的心理。同时,她觉得自己学习上一直都很认真,这次小练习错很多是由于没看清题目和计算错误,因为这一次小练习而被妈妈严厉批评,她内心很不满,但又不敢说,因此采用了写作业拖拉的方式来表示内心的不满。母女俩一个憋着不敢说,另一个碍于面子不愿说,才造成了现在的局面。

小吴是不知道我和她妈妈具体的谈话内容的,因此，我让小吴大胆开口,"直言相对"。我让小吴回家和妈妈说两件事:一是承认这次练习做错这么多确实不应该,但自己平时学习一直都很认真努力,偶尔犯些小错也在所难免,不可能每次都是全对;二是妈妈平时额外布置的题目过于简单,有些浪费时间,是否可以挑选部分中上难度的题目做,不用全写。我知道小吴比较胆小,因此最后还和小吴强调,就和妈妈说这是我说的。本来觉得有些委屈带点哭腔的小吴,脸上瞬间露出了笑容。

谈话后,我也和小吴妈妈沟通了小吴和我说的内容,以及挑选部分题目做的想法,小吴妈妈很是认同。

第三天,我找小吴询问情况,得知小吴妈妈确实只是挑选了部分题目让她做。小吴告诉我这些时,脸上是带着笑容的。

放学时,小吴妈妈也面带笑容地找到了我。让我惊讶的是,小吴昨天回家一改往常的态度,十分理直气壮地和妈妈讲起了道理,第一句话竟是"薄老师说了,你给我布置的作业太简单了,是在浪费我的时间……",同时后面也承认了自己这次练习确实做得不好,几乎就是把我和她说的话原模原样地和妈妈重复了一遍。通过小吴妈妈的描述,我已经能想象到当时的场景,这让我和小吴妈妈都很惊喜,想不到温柔胆小的小吴也有这么强硬的一面。

之后的小吴，似乎比之前开朗了一些，也更愿意主动和我说话了。这是我第一次切切实实地感受到我居然能对我的学生产生如此之大的影响。

这次的事情更让我知道了，身为教师，如果我会关爱学生、理解学生、尊重学生，学生就会更尊重我，听我的教导，他们也会变得更加开朗、积极向上。

明白了这一点后，我的内心充满喜悦。

薄心妍

于洁的点评

我记得刚接现在的班时，有个女孩不声不响的，真的是那种很容易被忽略的"中等生"。

开学一个月后，她和我之间也没有说过两三句话。后来她的嘴巴里长了个小瘤子，需要做手术切除。她来和我请假的时候，我关切地问了很多问题，她都一一回答了我。临走时，我摸摸她的头发，安慰她说："没事的，别担心，你很快就会好的。"

我说这句话的时候，她突然向我绽开了明媚的笑容，那是一瞬间天都亮了的感觉。她轻轻靠到我身上，两只手攀住我的胳膊，把头在我身上蹭了蹭，才和我挥手离开。

这一幕让我惊喜不已。和你一样，我也是切切实实地感受到自己对一个学生的影响可以如此之大。

人与人之间是有磁场的,互相吸引有的时候就是一句温暖的话语、一个亲切的笑容。一个老师不可以一直板着一张脸,那样会把学生越推越远。

很为你高兴,能够在为师之初就体会到一个老师对于学生的意义,体会到家长对老师的信任,体会到师生之间除了"你谆谆教诲,他毕恭毕敬"之外,还有"你温柔以待,他言笑晏晏"。

为了上体育课,他们还蛮拼的

正当我在办公室埋头批作业的时候,身边突然就站了几个大个子男生,他们似乎有点扭捏。

"你们是来背书、重默,还是读名著的?"我一边开口询问,一边打量着他们。

几个男生都是"重默大户",平时上课纪律也不太好,笔记更是潦草。"今天是什么风把他们给吹来了?"我内心疑惑不已。

"嗯……都不是,老师你能不能代我们接下来这节体育课?"他们犹豫了一下,才说出自己的心声。

"没人上体育课吗?"我疑惑道。

"体育老师请假了,我们班现在在上自习课,没有老师看,班主任好像也有事情。"他们这才道出了实情。

这个场景似曾相识,上个月,在一个下雨天,体育老师都去准备运动会了。他们也跑过来和我说这个事情,央求我带他们去上体育课,我想着他们也需要体育运动,便带他们去体育馆,活动了一整节课。我们都有点儿意犹未尽，相处也很愉快。

只是这次，我有任务在身，待会还要去做其他的事情，便婉拒了他们的请求，因为我知道即使我带他们去操场了，也不可能在没有老师的情况下，放任他们自由活动。他们略显失望，悻悻而归。

过了一会儿，我正准备出发去科技楼迎接领导的检查，几个男生去而复返，还带着一个男生——小杨。小杨话比较多，行为习惯不太好，课堂上还和我顶过嘴。不过我之前那次带他们上体育课，和他关系已经处得很不错了。他前两天还在中午自习课上把英语老师惹火了，因为嚷嚷着要睡觉不要做作业。

我看着小杨，他第一句话就让我猝不及防。

"老师这是你的课啊！"

我吓了一跳，扭头看了看课表，狐疑地看着他："谁说的？"

他含糊其词地说了一个老师的名字，我又气又想笑："你确定？"

他有些慌乱，撇开话题："是啊，老师你快去上课吧！我们都喜欢上你的语文课。"这又是什么神仙吹捧，差点捧杀我了。可是我才不会上当，作为一个饱经风霜的男人，我早已练就面不改色的本领。其他老师在办公室里看着他们笑。

我可是清楚小杨他们的心思的，不就是不想上自习，想上体育课嘛！可惜了，今天我确实有事，只能长话短说："课不能随便代，去找别的老师问问看吧！要不你们就在教室里乖乖地上自习。"但他们似乎没有理解我的意思，还是纠缠不清。时间不多，我只好不再解释，直接出门办事。

走在路上的时候，我想着其实他们也没有什么错，本就不是什么自习课，而是体育课变成了自习课。也许对一些同学来说，体育课是他们一天中最大的期盼；对我们老师而言，学生时代早已过去，站位不同，内心也就没有那么深的执念和感触。

我唯一担心的是他们会不会因为我这次没有帮到他们，而心怀不满，毕竟来找我的人不在少数。

小杨居然骗我说这节是我的课，再怎样也不能堂而皇之地骗人，还搬出这是其他老师指示的说辞。这种事情如果以后再出现，班主任和其他任课老师估计都会心生不满。班主任会不会想本应静心学习的自习课变成了体育活动课；其他老师会不会想我为学生当"出头鸟"，是为了显得自己很受学生欢迎。

顾虑还挺多的，我甩甩头，不去多想了，赶快去迎接领导的检查了。

李润于

于洁的点评

看完文章我笑出声来:年纪轻轻,顾虑真多。

我想问一个问题:如果这节课你有空,不需要去迎接领导的检查,你这个语文老师会不会带学生去上体育课?你会不会还顾虑班主任对你有意见,觉得你让学生变得松散?你会不会担心其他老师背后议论纷纷?

你想多了,孩子。假如那样活着,人生真的会少了很多快乐。

有些事,做了再说。不要揣摩那么多假设。那不是成熟,是退缩。

学生是盼望上体育课的。体育课上消耗体能,活跃身心,赶走负能量,对学习是非常有帮助的。这样的盼望,完全可以理解。切不要因为自己是老师了就忘记了。

而你最大的问题在于动机不纯,你把给学生上体育课看成一种对学生的讨好,变成拉拢师生关系的工作。这是不对的。

小杨的玩笑,也不必上升到道德层面,你完全可以很风趣地对他说:"你要是好好上课,下次再遇到这种事,我一定带你们上体育课。今天实在抱歉,我要去迎接领导的检查。"

作为母亲,我希望我的儿子是做事沉稳、思虑比较周全的人；但同时我又不希望你为了成熟而忘记自己也曾有过年少的、单纯的心。

　　以后再遇到这样的事，你可以和班主任商量一下，带学生们上半节体育课，再上半节自习课，就两全其美啦！

一个杯子引发的后患

课后延时服务临近结束时，学生们都因即将放学不约而同地躁动起来，我只能守着，不便走开，便找了小玥帮我把水杯放回办公室。

但到了快整队离校之时，我都没瞧见小玥回班的身影，顿生一股不好的预感。

不一会儿，小玥哭丧着脸回到了班上，她蹑手蹑脚地走到我旁边，隔了估计有一米之远，此时我大概能够猜到，我的杯子怕是不保了。见她好几秒都不作声，我主动问了起来："杯子被打碎了？"小玥立马摇了几下头，但还是没作声，眼泪却破防似的流了下来。

我小心地边帮她擦拭眼泪边将她拉到身边，背对着其他学生继续低声询问情况。她畏畏缩缩地说道："老师……对不起……我把你的杯盖打碎了。"

此时，我倒是有些小窃喜，原以为整个杯子都碎了，没想到只碎了个杯盖。"没事的，只是一个杯盖而已，杯身你不是保护得好好的吗？少了杯盖一样能用，完全不影响。"我安慰道。

小玥的情绪平复了一些，我继续问道："你身上受伤了吗？"

我注意到她手指上有个很浅的小伤口，原来小玥刚才还去教室拿了扫把和簸箕，将打碎的杯盖自行清理了，清理时还不小心划伤了手。我仔细检查了小玥受伤的手指，小玥一直推托着说没事，幸好伤口很小、很浅，确实并无大碍。她真是乖巧得惹人心疼。

我并未把这件小事放在心上，但小玥心里还是过意不去。第二天一大早，她就给我送来了一个新杯子，但我因急于去班级上课，急匆匆地婉拒了小玥后，便带着她一起去了教室。

这节课，小玥都心不在焉的，肯定还是因为杯子的事吧！

果不其然，一下课，小玥立马追到我的办公室，用恳求的语气让我收下新杯子。我还是委婉地拒绝了。

这次，我拍着小玥的肩膀解释道："谢谢你的好意，老师心领了，只是碎了杯盖而已，杯子还能正常使用，不碍事的。况且老师也没把这件事情放在心上，你不提我都忘了呢！"后来，我又安慰了她一会儿，拍着她的肩膀将她送到了教室门口，看她点着头把杯子拿回了教室，我心想应该是没事了吧！

后来的几天，我担心小玥还没释怀，特地在上课时和小玥多了许多眼神交流，下课后也找小玥帮忙做了几件本来应该喊课代表做的小事。小玥很积极地帮了我。

这下，是真的没事了吧！

之后，我恢复如常，那些小事还是让课代表去做，没有再喊小玥了。

但过后的一段时间，小玥上课总是走神发呆，哪怕点名提醒，没过一会儿又是"神游"状态，我在课堂上提出的问题她更是一个都答不上来，作业情况也很糟糕。她不仅在数学上如此，语文和英语也是这般。

某天晚上，小玥的家长联系到我，除了提到小玥在家写作业极其不认真，以及询问在校情况之外，还提到小玥的一句话"最近薄老师好像不喜欢我了"。这句话深深地触动了我。

对于她有这样的想法，我很是不解，也并没觉得我对她的态度和以前有哪里不一样了。

但我深思后又想到，难道是因为摔碎杯盖后对她"特殊关照"了几天，后来又恢复如常了？还是因为我上次没收她的杯子，她还没对摔碎杯盖这件事释怀？又或是最近上课她总是走神，被我点名次数多了？我左思右想，无非就是这三个原因吧，还是找她好好聊一下吧！

第二天，我找小玥促膝长谈了很久。我先和她表达了自己的态度——对班里每个孩子都是喜欢的，而后又就我上面想到的三个原因进行了交流。

谈话中，我了解到，小玥睡觉时间比较晚，这可能是她上课总是走神的一部分原因。对此，我和家长进行了沟通。除此之外，我还了解到小玥也知道自己最近学得不扎实，想买一些练习册提高自己，但因最近学校的作业她都不能很好地完成，便被家长严词拒绝了。对于这件事，小玥一直耿耿于怀，也许这也是她最近没有学习激情的一部分原因吧。

正巧，我手边有一套量比较少又偏基础的数学练习册，便送给了小玥。她拿到练习册的那一刻，脸上露出了久违的笑容。

从那次促膝长谈之后到现在，小玥在数学课上很少再走神了，作业质量也有明显的提高。她这次应该是真的释怀了吧！

但后来我又在想，如果当时我收了小玥的杯子，如果我没有"特殊关照"她几天，如果我早点找她好好谈心，她会不会就不会有那样的想法了？

会吗？也许吧。

薄心妍

幸好是你遇到了小玥，要是一个男教师遇到这样的女孩子，可怎么办哟？

小玥心思之细，让人感叹。

我想起了自己读小学的时候，暑假前班主任要出门探亲，把自己养的金鱼交给我保管，我不知道金鱼贪吃，总觉得它似乎一直吃不饱，只好不停地投喂，结果金鱼全部撑死了。我把空空的鱼缸还给老师的时候，老师一句话也没有说，事后一切如常，仿佛没有发生过这个事情一样。我惴惴不安了一两天，这事也就过去了。

如今回想起来，老师很豁达，我自己也是个挺豁达的人。这样的人容易快乐，因为简单。

但是我们的学生真的是各式各样，有的还真是心思绵密。那怎么办呢？这只能逼迫着老师成为一个耐着性子解心结的人。

这个过程，大概叫作"修炼"。

好多老班主任说自己慢慢地都没有脾气了，其实不是不坚持原则不管学生了，而是渐渐明白学生性格的多样性和认知的多样性，于是不再简单粗暴地用"三板斧"解决问题了。

这个过程，大概叫作"提升"。

淘气男孩

小任是个壮实的小伙子，有时候做事很积极。

每次来找我，都是万古不变的一句口头禅：老师啊！抑扬顿挫的声音总是在我耳边回响。

他特别喜欢问问题，稀奇古怪，天马行空。"老师，你知道我们班级里有几对吗？""老师，你怎么每天都很忙的样子？""老师，你穿了双新鞋子啊，有钱！"

被他问得多了，我也会比较烦，就用问题回击："我不知道几对，你也在谈吗？""我倒是感觉你不怎么忙，默写订正了吗？"……这时他总会说一声："啊，那没事了。"

然后，他就晃晃悠悠地走了，好悠闲的感觉。或许他并不是个特别认真的男孩子，不过只要他肯交流、能交流，也是不错的。我心里暗暗对他进行评价。

那天早上我正站在校门口值班，寒风刺骨，来上学的学生们也都尽量缩着手快步走进校园，我安静地站着看着，脑子里也没有什么想法。

"老师好啊！"熟悉的语调，是小任。"早！"我回以微笑。他看着我:"哎呀,今天是语文早读,我赶紧去背书了。"我不知他是故意还是无意,他看到我后的第二句话竟然是这个,我转头目送他走入教学楼,看他一路小跑,仿佛真的在争分夺秒。我哭笑不得,却已经记住了这件事。

值班结束后,我在两个班级之间来回巡视检查早读的情况,并留给他们点复习的时间,以便让他们熟悉等会儿要默写的内容,孩子们都很安静。突然我看到小任:好小子,他正在偷偷观察我的表情,估计又在耍什么花招。我不动声色,有意无意地观察着他。

果然被我抓到了蛛丝马迹,他似乎在桌上写字,大概率是打小抄了。我看破不说破,待会儿准备抓个现行,也好让他收敛收敛。

这小任做贼心虚,在默写时总是时不时地抬头看我几眼。我心里暗笑,这也太明显了。看的次数多了,他发现每次我都在看他,双方目光交会的地方空气仿佛都凝固了。他有些慌乱,抬头的频率更多了,我也有些沉不住气,心里有些恼火:眼神警告还不收敛,真当我拿你没办法了?

"你在抬头看什么?"我忍不住大声呵斥。其他同学被我吓了一跳,顺着我几乎冒火的眼神的方向看去。小任也被吓了一跳,手足无措,他想辩解,却说不出一个字。我有些后悔,不该没有证据就发火,但我应该没判断错。默写结束后，小任上交的默写本上基本没写什么内容。我也舒了一口气，我也不算是冤枉他。

下课后，我晃晃悠悠地踱步到他身边，他早就看见我了，手无处安放。越是这样我也就越笃定，毕竟他是个小孩子。

"你有啥要对我说的？"我板着脸问道。

"老师，我没默出来，刚刚我也没想翻书来着。"他低下头，后半句的语气明显弱了下去。

小孩子的心性，还想着瞒过去，也正常。"你在桌上打的小抄，我都看见了。"

他一愣，没等他反应过来，我就说："不要耍小聪明，要把时间花在该花的地方，下节课课间，我等你来我的办公室背书重默。"他也没想到我这么干脆，有些庆幸，赶忙答应。

我心里暗笑，我已经学会了我母亲的绝招：与其浪费时间在斥责学生上面，不如直接告诉他来重默。这样很干脆，可以让他自己去琢磨，也不会有师生矛盾，又能解决他默写很差的问题。

下课铃声一响，他就跑到我的办公室里，我什么也没说，安静做事，他则安静地重默。当把默写本交到我手里的时候，他明显地舒了一口气。"背一下。"我和他说，心里想着他只要能背出来就基本没问题了。他很熟练地背出来了。

看着他离开的背影,我陷入了沉思。这种类似的情况,估计还会有很多次,有什么办法能够让这样的情况少一些呢?

李润于

于洁的点评

最近,北京市朝阳区第二实验小学一个小姑娘因为受不了同学表演时声音太大而捂耳朵,结果被两位老师当众斥责:"去滚!讨厌!"事件发酵成为舆情,网民、一线教师和教育专家各抒己见。

这件事情值得引起所有老师的警惕:

我们有没有和这两位老师一样因为对于某个学生的愤怒而没有管住我们的嘴巴?愤怒之下的口不择言除了词不达意,还会伤害到学生,最终会伤害到教师本人。

我们有没有因为愤怒而当众斥责学生,并打着教育的旗号而"义正词严"?

愤怒是魔鬼,会扭曲了一个人的面容,会让嘴远离了心。

这就是我反复和你强调"与其斥责学生不做作业,不如直接让他来补作业"的原因。有的老师年轻气盛,误以为抓住学生的一个错误就可以随意斥责,误以为教育就是发现学生的缺点而狠狠批评指责,这样很容易走上教育的歪路、不归路。

你对待小任有可能打小抄的做法，前半段有些问题，后半段是正确的。他在默写的时候，你一直盯着看，等待他偷看时抓个"正着儿"，这是"钓鱼执法"，不是教育方法，是错误的。而且你在没有确凿证据的情况下只是根据个人判断而当众斥责他，这更是错误与危险的做法。你自己后来也是惴惴不安的，担心万一冤枉了他怎么办。

事实上，你可以在他默写时站在他的附近或者身边，不让他有偷看的机会。对不对？

你后半段的处理是正确的，与其浪费时间去斥责（除了发泄自己的怒火外，还能有什么好处呢），不如让他好好背诵后来重默。这可以清晰地传递给他一个信息：不要投机取巧，我只想让你靠自己的实力真正默写出来。

这样的次数多了，他会明白老师的用意。遇到一个顶真的老师，投机取巧的学生就会少了。

假如学生真的非常淘气，总是一有机会就要投机取巧，那你也只能发现一次较真一次，直到其毕业为止。

有一个看似矛盾的道理要再次强调：不要以为自己可以教育好所有学生，但在和学生相处的时候要尽最大的努力去教育学生。

一言以蔽之，竭尽全力，直到你无能为力。

眼皮子底下的撒谎

2021年最后一个周五,小辰和小峰在课后延时班上,以上厕所为借口出了教室,并在厕所门口比赛谁能将橙子扔到天花板上。也许他们都想在2021年的最后一天证明一下自己的"实力"吧。他们做到了——成功地用学校发的橙子把学校走廊天花板上的灯砸坏了,也成功地引起了老师的注意。

于是,在2022年上学的第一天,他俩也成功地获得了班主任肖老师的"特殊关照",一放学就背着书包来到了办公室做作业,而不是去延时班。

这天,肖老师放学送不参加延时班的学生们出校门时,特意关照了在办公室备课的我留意他们两个调皮鬼,我便将他们喊来跟前写作业。

我正巧要喊延时班的小馨来说事,于是就让小峰帮我下楼去喊人,小峰将手中的英语作业放下后就去了。我则继续做自己的事情。

小峰很快就喊来了小馨。等我和小馨说完后,我发现小峰在找着什么,他焦急地说刚才放在一边的英语作业回来后居然不见了，书包里也翻了个遍，还是没找到。他的英语作业我是看到的，是几张订在一起的默写词句的复习资料，下楼前确确实实摆在那里。这短短的一两分钟也没有其他人进出，而且小馨的行为也全程都在我的视线范围内。

我不自觉地把目光转移到了小辰的身上，小辰的书包离小峰放作业的地方很近，我问小辰："小峰的作业会不会是不小心掉到了你书包里，你要不然找一下？"小辰没有拒绝，还很爽快地直接让小峰翻。可是依然没翻到。

我皱了皱眉，小辰刚才也没离开办公室，难道是我判断错了？我立刻看向了四周，想着会不会是被吹到哪儿去了。但还是没找到。

小峰急得眼泪在眼中直打转，又一次地翻找着小辰的书包。小辰没有阻止，反而又主动地把衣服和裤子的口袋掏出来给小峰看，随后又大方地说："我把我的英语资料给你写，我家里还有。"

小辰这一系列过分主动撇清关系的做法，让我心中生疑。我突然想到，在这期间，小辰除了开口讲话和翻口袋，其余时间都在写着数学《同步练习》，这是唯一我们没有检查的东西。我故意说道："你数学家庭作业都快写完啦，我来看看写得怎么样？"说着，我快速拿过他的作业，果不其然，小峰的英语复习资料夹在了数学《同步练习》中。

小辰立马解释道:"我没有拿,我不知道它为什么在我这儿。"

"难道它是长腿了自己跑到你那儿去了?"我生气地问。

他继续狡辩,把刚才的那句话重复了两三遍。

我压低音量,继续与他对峙:"现在不是说你有没有拿,我很确定就是你拿了。你需要解释的是,为什么要拿。"

好在我气场强大,他也毕竟只是个小学生。小辰终于承认:"我只是想跟他闹着玩。"

真是荒唐至极,我实在不能理解他藏同学作业,把同学急哭,还假装好心地把自己的作业给人家,是一种怎样的心理。

我让小辰和小峰道了歉,便让小峰下楼了,然后转头问小辰:"今天你做错了三件事,你自己说是哪三件。"

他低着头,低声自我剖析了前两件:"一是我不该藏他的作业,二是我不该撒谎。"

但他怎么也想不出第三件。唉,他低估了老师,高估了自己。他以为自己的小聪明能骗得过老师,却没想到他的小聪明在老师眼里是多么愚不可及。

经过这番教育,后来的几天小辰都很安分。他本就是活泼开朗的性格,这件事情并没有打击他的积极性,反而他在我的数学课上越发积极。

我和班主任肖老师讲了这件事的整个过程,肖老师不禁感叹道:"当老师真不容易,还得兼职当侦探啊!"

可不是嘛!

薄心妍

于洁的点评

白天不懂夜的黑。和小学生斗智斗勇的时候,确实经常会出现匪夷所思的事情。比如,小峰和小辰趁着延时班上厕所的时间将橙子掷向天花板,把灯砸坏了;又如,为了防止他俩再干坏事,老师特意把他俩带到办公室做作业,没想到他俩居然在办公室里又干了一件坏事……

恶不自知,可能是唯一的解释。他们对于是非辨别不清,只觉得这样很好玩。好玩,是他们给出的最多的解释。

你说得对,"低估了老师,高估了自己"。学生以为自己的小聪明能骗得过老师,却不想他的小聪明在老师眼里是多么愚不可及。

也正因为如此,所以老师会既迷惑不解,又恼火至极。

这是老师和学生的认知不同造成的。学生觉得好玩，老师觉得可恶。

如果成年人被这样当面揭穿一次，估计要很长时间抬不起头来，但小辰能迅速走出"阴影"，依然活泼开朗，还能在数学课上越发积极。这也是成年人和小孩不同的认知造成的。老师觉得撒谎是非常严重的，学生却觉得没什么。

所以我们经常强调不要动不动就把学生的这种"恶"上升到道德层面，更不要因此而恼羞成怒。

但这样的"恶"确实需要老师用智用勇来侦查破案。任何老师都不能纵容这样的"恶"，多次纠正，反复纠错，渐渐就可以让学生明白这样的行为是不正确的。

小学生撒谎的原因很多，有的是模仿家长，有的是满足虚荣心，还有的是做错事害怕被惩罚，于是撒了一个谎以后只能一路继续撒谎来圆谎。这在成年人看来是愚不可及的。

还有一类撒谎是想象性撒谎，属于无意识、无动机的，那真是张嘴就来，匪夷所思。

老师确实不容易，只能见招拆招，在不动声色中让学生培养好习惯。美国著名教育家曼恩说："习惯仿佛一根缆绳，我们每天给它缠上一股新索，要不了多久，它就会牢不可破。"

"冷敛"的小蒋

班级里有三个长相很相似的男孩,都是瘦瘦高高的,平头短发,白白净净的,戴副眼镜,有一种文质彬彬的感觉。

开学伊始,脸盲症的我就犯迷糊了,无法将三人的外貌与名字对应起来,隐约觉得他们三个的品性好像都不错,只有其中那个小蒋比较沉默寡言。

让我能够把小蒋和其他两人区分开来的是:自从进入秋天,他的领口就一直是拉链拉到顶的,嘴巴喜欢藏在领口的下面,他和别人说一会儿话,就不自觉地让下巴靠后,缩到领子下面,眼睛向下看,并且时不时要保持这样一个动作。

有一阵子,我很想要深入了解他,却总是找不到合适的契机。毕竟,他没有犯任何错,我也没有其他非要找他不可的理由,总不能问他:"你为什么经常这样呢?"

学生们在体育课上有一点自由活动时间,男生们就会凑在一起打个半场篮球,我有时正好走过操场,男生们就充满期待地喊我加入他们。我想也好，师生之间总不能一直过于严肃，也该张弛有度，只要有空，我便答应下来，他们也就欢呼雀跃起来。

巧的是，第一次加入他们的篮球赛，在不知道对手是小蒋的情况下，我和他打了一场篮球。没想到他在篮球上的天赋如此之高，爆发力和速度都很棒，我的防守几次被他用灵巧的身姿突破。

反观他倒是一直很冷静，即使投中了篮，他脸上也鲜有笑容。难道是因为我让他紧张了？看来回去我得问问其他老师是不是也有这样的情况……我心里这样想着。

沉默，冷静，有力，而且是在这种大量消耗体力的运动中，他的心智和坚韧程度不一般啊！我不由得想起以前看到过的一句话：沉默寡言的孩子往往会有一段不愿说的经历，他们的心智往往超越同龄人。

篮球赛在下课铃声中结束，我拍拍小蒋的肩膀，竖起大拇指夸赞他，他不好意思地笑笑。其他同学也围住他，因为他在这场球赛中表现出色，但他似乎有点受不了这种场景，赶快脱离了人群走在靠后的位置。"习惯独处吗？"我暗自一笑。

前几天的班会课，作为语文老师，我受邀参加小蒋班级的元旦晚会，令我惊讶的是，小蒋竟然在讲台上！他也要表演节目。

我目不转睛地盯着他,他要表演魔术,但是当他的班主任想给他拍个视频的时候,他突然用手挡住自己的脸,嘴里说着"不要拍我,不然我就不表演了"。见他一副生气的样子,班主任只好作罢,他也恢复了原先的样子,只不过有点气呼呼的,用力一甩手中的道具,然后立刻收了起来,大家都只看到了一眼。

不过孩子终归是孩子,有几个顽皮的孩子已经开始欢呼了起来,他倒是渐入佳境,几个魔术连环上演,将演出的氛围推向了高潮。他回到座位后,收起道具,默默地看着接下来的表演。

时光飞逝,我早已经分清楚了他们三个人,却不得而知小蒋有怎样的经历。其实也没什么必要去深入了解,毕竟每个人都有自己的秘密。

我只是担心,他这样的性格,以后犟起来,估计也是要花费很大的力气去和他讲道理的。我比较好奇,该用什么样的方法去了解这个孩子,接触这个孩子呢?

李润于

一般情况下,我们和一个人打交道,会依照以下流程:

第一,善意对待,尊重这个人,不刻意强求,不打扰。

第二，在事中交往，在事中观察。

第三，个别交流，悄悄交流；七分欣赏与鼓励，三分暗示与提醒。

第四，对于学生，我们经常表扬，偶尔批评，总是陪伴。

假如以这样的流程去看你和小蒋的相处，你可以发现你目前所做的都是正确的。妈妈欣赏你。

你悄悄地观察着小蒋，也逮住机会夸赞小蒋，还默默为他的性格担心。

这样的学生，性格上比较"冷敛"，这是我自己发明的一个词语，类似于不动声色。这也没什么不好，任何性格只要不伤害到他人，都没有问题。

我们也不要被表面迷惑，一个孩子，在自己不擅长的地方表现得很不自信（如与人聊天），在自己擅长的地方表现得自信甚至自负（如打球和变魔术），也是正常的。

从他被你夸赞后的不好意思和他变魔术引起学生们的欢呼，都可以看出来他还是很在意别人的欣赏的，只是没有过多流露而已。

所以，和他相处，只要不是原则性的问题，就不要与他发生争执。"好好说话"是每个老师必须学习的技能。

有些性格的人将来遇到事情时是要吃亏的,如太自我、很固执、自以为是等。但你也不要过于担忧,孩子只有吃了亏才会慢慢长大。

就像冬天的青菜,打了霜才好吃。人都是在风雨中长大的。

你也一样,不是吗?

眯眼睛？ 戴眼镜

期末阶段，我注意到小瑶上课总是眯着眼看黑板。之前只是偶尔几次，但那段时间她眯眼的频率越来越高。

刚开始，我还以为是座位位置的原因，就询问了小瑶周围的学生，他们都能看得清，那就是视力问题了。

课间，我找小瑶交流了一番，这才发现，她的视力已经下降得非常严重了。她现在只能看清黑板上较大的字，偏小的字眯着眼都不一定能看得清。但当我和她强调事情的严重性时，我从她的眼中读到了诧异与慌张，似乎在这之前，她并没意识到自己的视力已经这般差劲了。在我嘱咐小瑶平时要注意用眼卫生与习惯，以及尽快让家长带着去检查视力后，小瑶更是显露出了一丝害怕。那时，我以为是她太紧张了，也没多在意。

为了让小瑶看清黑板，后来的几天我都让小瑶搬来前排听课。可即便如此，她还是经常眯着眼看黑板。我心想，等周末她家长带她去检查了视力，就能知道具体状况并会有改善措施了。但直到下周一，她还是这般。

再次与她交谈后我了解到,原来小瑶怕家长责怪她平时看电视和手机过多,一直不敢将自己的视力问题告知家长。怪不得之前交谈时她那么慌张害怕,而她家长也没注意到她视力下降的问题。看来,我只能亲自出马了。

我也曾是个孩子,非常明白小瑶的心情,于是我没有责怪她,并且当着她的面,拨通了她的家长的电话。我将小瑶的视力情况告知了她的家长,同时也提及了之前已经和小瑶交流过此事,但她因为害怕被家长责骂而不敢将实情道出。我相信小瑶家长也能理解孩子的这种心情吧!

我用的是免提模式,小瑶全程都听着,她的家长的语气非常柔和,也没有因为小瑶瞒报此事而生气,反而是有点心疼孩子,并决定当天就带她去做检查。一通电话后,小瑶那颗悬了一个星期的心似乎突然放下来了,她笑着和我道了声"谢谢老师",便跑回教室去了。

第二天进校园时,我正好碰到了小瑶。昨天一放学,小瑶的家长就带她去做了检查,她确实是近视了,也配了一副矫正眼镜,但因为是特殊定制款,要等几天才能拿到,她这几天还是只能坐在前排听课。

又过了几天,小瑶课前主动和我说:"眼镜配好了,不用再坐前面了。"但课上,我没见她戴着。直到我在大屏上投影一道字较密集的题目时,她才像做贼似的把眼镜从桌肚里拿出来戴上,但是看完题目,她就又迅速地把眼镜放了下去。下一道投影题，仍是如此。

　　这时我突然想到，我也是和她差不多年龄时开始戴眼镜的。刚戴眼镜时，因为班里没多少同学近视，自己又觉得戴上眼镜后变丑了，我经常在课上会因为纠结要不要戴眼镜而开小差，即使最后决定戴上，也是和她一样偷偷摸摸的，生怕被别人察觉。

　　想到这里，我轻笑了一声。看来不只我会因为要不要戴眼镜而纠结，我的学生也是如此。我暂停了我的课堂，和学生们聊了几分钟，我问他们："有没有发现我们语数英老师在外貌上有什么相同点？"学生们立刻活跃起来，很快就有学生发现我们仨都是"四只眼睛"。

　　我顺着孩子的话继续说道："是啊！戴眼镜是件很正常的事情，大街上戴眼镜的人比比皆是。有问题就要解决问题，那些总是眯着眼看东西的同学，眼睛变小了不说，视力还会下降得更厉害。有眼镜的同学上课就戴起来，别觉得不好意思。"我的话才说完，就看到小瑶拿起了眼镜戴上，脸上洋溢着自信的笑容。

　　令我意外的是，还有个孩子不知何时也从桌肚里掏出了眼镜戴上，在这之前我可从未见过她戴眼镜，新的变化也许就从这一刻开始了。

薄心妍

于洁的点评

一个老师应该是观察者、发现者、引导者,这三种角色在本文中体现得淋漓尽致。而全文最让我动容的一行字是:"我也曾是个孩子。"

很多对于成年人来说微不足道的事,对于一个孩子而言却也许是很大的事。比如,自己近视了不敢告诉父母,因为怕父母责怪看电视或是平板多了;又如,担心戴了眼镜会变丑而被同学嘲笑。

我也曾有过这样的经历,并且当场出丑。初一的暑假里大概是躺在床上看书看多了,一开学我发现黑板上的小字看不清楚了,自己觉得没关系,反正上课靠耳朵听听也没有任何问题。没有老师发现我的问题。直到有一次数学公开课,老师在黑板上画了三个几何图形,因为又写题目又画图,所以字非常小。出于对我的信任,他请从不"掉链子"的我站起来回答如何用三种方法添加辅助线,我站起来时才发现自己看不清字,实在无法回答。那一刻真是尴尬至极。最尴尬的是我父亲坐在后面听课,当天他黑着脸带我去配了副眼镜。

但后来的课堂上再也没有那么小的字了,我却依然靠着耳朵听课,眼镜被我放在书包里,从来不肯用。因为父亲的审美能力实在太差,他给我配的镜框真是奇丑无比。一直到工作后,我才自己配了眼镜,但也只是在需要看小字的时候才用。

回想了自己的这段经历,再回头看本文,我感慨自己当年没有遇到一个像心妍这样细心的老师,如此善解人意。不过,如今遇到这样的媳妇,也是很不错的。

"我也曾是个孩子。"这句话,我会作为对自己的提醒,多站在孩子的角度考虑问题。

愿每一个孩子都遇见一个细心的、善解人意的、温暖的老师。

第一届学生来看我

谈过许多理想,做过许多努力,度过漫长时光。三年,我送走了我的第一届学生。

大概是因为下一届是初二半路接班,这对我是第一次,一切都需要我迅速从上一届的离愁别绪中迅速抽离。

我似乎开始老练起来,看着班里的学生,虽然性格各异,但绝大部分和上一届的某些学生大同小异,我心里也略略松了口气。

这样一想,我也算是个"老"教师了。

不过,我也会碰到许多第一次面对的事情。比如,你的第一届学生到学校来看你。哎呀,这个我还没有经历过呀!

小仁已经提前了很多天和我打了招呼,询问我期末的时间段有没有空闲的时间。我一边盯着现任班级的学生默写,一边和小仁打着语音电话。那边传来熟悉的话语声:"李老师,你依旧这么敬业啊!还是不停地盯着学生默写。想当初您一把椅子堵住我们放学的路,让我们挨个背书的场景还历历在目。"

不错，这可是个绝佳的教育我现在学生的好时机。我特地打开了手机免提模式，将这段话与全班分享，不放过任何一个鞭策学生的机会。

学生憋着笑，小仁那边也意会，又讲了好多听起来玄乎其玄的大道理，硬生生将和我的对话变成了一个过来人对我现在学生的殷殷叮嘱。最后，小仁和我确认了时间，我心满意足地挂了电话，瞪了一眼那位讪笑着重默的学生，叮嘱他好好默写。

我托着腮发呆，第一次有毕业的学生来看我，还真有点紧张呢！

想当初为了镇住他们，我和他们吹牛我教了十多年书，用我"多年"的经验来吓唬他们，终于顺利完成了教学任务，最后的结果也很令我满意。内心深处，我希望他们毕业后是想念我的。

现在他们真来看我了，我反而有些不知所措了。究竟该和他们说些什么好呢？

小仁报给我的人数不多，似乎只有不到十个人，为什么不是一大群人呢？其他人对我没有感情吗？我心里有些小失落。但是考虑到其他人也确实比较忙，而来的人都是趁着少有的假期来看我，我也就宽慰了不少。

当天，接到他们到门口的电话，我兴冲冲地跑上去，却发现只有寥寥三个人，其他人呢？我急不可耐。"他们啊，要晚一点！好不容易放个假，老师你懂的。"我悬着的一颗心放了下来，却还是有些尴尬。我把他们往学校的空办公室引。

小舟，小仁，小诺。看着他们熟悉的面庞又似乎更加成熟了一些，我心里也有点异样的感觉。他们聚在一起，互相开玩笑，我也在一边插嘴，一边欢乐地笑。他们现在谈论的都是我不熟悉的班级、名字、事情，我为他们写了三年的教育叙事，现在却一点儿也不了解他们的情况了，这是少有的事情。我有些感伤，一瞬间感觉自己有点"不合群"。

好在他们思维活跃，也不用我多插嘴，完全不会冷场，而是随意聊聊近况。慢慢地，其他人也都到了，我像个摆渡者一般来回接他们上楼，一边嗔怪他们怎么不一起来，一边很开心地打量着他们，他们几乎都没怎么变。

我带着他们去找各个办公室的原班任课教师叙旧，看着他们每一次见到"哥姐"的惊喜表情；听他们的谈论，似乎目标比起以前更清晰了，有些以前经常徘徊在及格线边缘的同学，到了高中反而如鱼得水更加适应了，他们的人生也变得更好了。我的心里又一次充满喜悦，仿佛一个老父亲一样，傻傻地看着他们，有一种"吾家有儿初长成"的心情。

"老师,你写的教育叙事,就是那本《致青年教师的信》,就是我们的作文素材。我们写不出来作文的时候,翻翻书,回忆回忆,总是能找到各种各样有趣的往事。"他们笑眯眯地告诉我,我听着开心极了。教育叙事的意义也许就在这一刻具象化了。

回过头来再看现在的学生,我和他们相处了不到半年时间,用尽全力去找出他们的优缺点,不断鼓励与鞭策他们。我要继续做好这件"小事情",也许两年以后,又会是一次"春耕秋收"。

李润于

于洁的点评

真心地佩服你写出了我也有过的心情。

一只风筝做得怎么样,放到了天上才知道;一届学生带到最后和老师的感情怎么样,从他们是否回来看你才知道。

老师的心情都是惴惴不安的。想当初为了鞭策教育他们,我真的可以称得上"不择手段"。有一句话说:"一个好老师就是一个德艺双馨的好演员。"我深有同感。

还有人用比喻归纳了一个班主任老师的工作方法:阵地战(班会、晨会、夕会),运动战(各种活动),游击战(课间课外一切碎片时间),情报战,心理战,空天战(心理上、气场上、人格上、学识上的优势)。

老师有很多背后付出的努力是无法对学生言说的;有很多为了教育好学生而不得不做的事情是无法公开的,因为很有可能被学生腹诽甚至被怨恨;有很多老师付出的真心是需要岁月沉淀后才可能被学生了解并感激的。从这一点上来说,老师是肯定会受委屈的。

所以当毕业了的学生回来看望我们的时候,我们才会如此喜悦。这种喜悦让我们得到了一个证明:他们是喜欢我的,是想念我的,也是能够懂得我们当年的苦心的。这种被懂得的喜悦感,甚至大于当年我们竭尽全力终于教育好了一个学生的成就感。

当"回娘家"的他们站在我们面前的时候,对于我们,他们是熟悉又陌生的人了。他们是飞在高空的风筝,神采飞扬地向我们叙说着天空的云彩,那条连接着他们和我们的风筝线,是三年朝夕相处的情感。

那一刻,我们是一个个老父亲、老母亲。

当他们再次和我们挥手说再见,我们走进现在的教室,看到现在的学生,我们的心里又一次鼓起了勇气。

和老师们吵架的四年级小学生

说起小孙，我们都有点避之不及。

他和很多老师吵过架，有老师会怕他上课时突然大声讲话，有老师会因为他而很怕上我们班的课，还有老师曾被他当场气哭……

但之前，他还没发展到这种程度。

我刚接手这个班时，他上课举手非常积极，他的回答也常常会带给我意想不到的惊喜，他也曾是班里名列前茅的孩子。课后，他还会时不时地问我很多稀奇古怪的问题，各方面的都有，想必平时也是看了不少的书。

但现在，我很少能在课上看到他举起的小手，相反他经常会发呆、讲话、做小动作，学习也是一路下滑，课后却依旧会和我说些奇怪的事情。

但他的脾气真是暴躁，很容易因为一句话、一件小事而生气，他也很爱钻牛角尖，如果一件事不能达到他想要的结果，他会死磕到底。以前他只是会和同学吵架打架，但随着年龄的增长，脾气和胆量也逐年递增，现在他已经敢直接和老师吵架了。

一节美术课上，正当大家都在小组合作动手创作时，因为一言不合，他和另一名孩子产生了冲突，两人竟直接从教室后面打到了黑板前。美术老师随即让他俩站定，开始当面教育。美术老师先批评了小孙，但刚说两句，又引起了小孙的不满。小孙认为老师只批评他一人，尽管老师和他解释了，也无用，小孙甚至还搬出了《中华人民共和国未成年人保护法》。他试图用声音盖过老师，而且越说越大声，几乎是扯着嗓门喊，整个办公室都能听得一清二楚。

这一行为也惊动了班主任，为了不影响其他孩子上课，班主任将他俩带到了办公室。此时的小孙已完全听不进任何道理了，或许他以为谁嗓门大谁就占理吧！班主任询问情况时，他依旧是扯着嗓门为自己辩解。这也引起了办公室其他老师的不满，但他一点也不在乎其他老师的感受，依旧一副无所谓的样子扯着嗓门高声辩解。

虽然最后班主任的教导暂时"压制"住了他，但我们都知道，这只是暂时的，因为类似的情况已发生过很多次，只是都没这次严重而已。

隔天，班主任找了小孙的家长，我以为他会因此有些改变，毕竟这是第一次喊他家长来学校。但似乎情况更糟了……

班主任本想和小孙的家长单独聊孩子的问题，但小孙一定要在场,不仅再次讲起了他的大道理,还给老师扣上了"你们要在我背后说我什么坏话不让我听"的"罪名"。家长也拗不过他,无奈只得三人一起进行谈话。

更过分的还不止如此,在班主任和家长说起小孙的问题时,小孙居然当着家长的面扯着嗓子和班主任讲歪理,而家长也没责骂他,只是在一旁听着。这大概也是他脾气越来越大的原因之一吧。小孙更是直言不想上学了,班主任无奈只能让他的家长暂时把他带回了家。

但后来的几天,小孙都没出现在班级里,刚开始他的家长还会帮他请假,说身体不舒服或者家里有事之类的,后来直接是没声了。而当偶然一天小孙心情好了肯来学校时,我们问起他请假的原因,才发现他家长为了他请假的理由也是"操碎了心",大概后面实在编不下去了,就干脆不说了。

我很担心小孙以后的变化,以前还能和他讲道理,现在他已经完全听不进去了。但他的本性其实并不坏,他不会记仇,事情过了,就又会和你恢复往常,继续和你开开玩笑。

随着年龄的增长,他的脾气会不会也继续增长呢?我也有点怕他突然大声地和我讲话,如果以后我遇到了类似的问题,我又该怎么做呢?

薄心妍

于洁的点评

咱们先不去追究小孙怎么会变成这个样子，从他家长的反应来判断，估计是家里发生了一些事（如父母闹矛盾了），或者家长从小到大挺溺爱的，也有可能是狂躁症的先期症状。

咱们只说如果一个学生不服老师管教甚至大嗓门和老师吵架，老师怎么办。

先来说说这样的孩子的优点：

首先，爱思考，哪怕他说的都是歪理，也是在思考，并且有独立的思考能力。比如，他在挨批评时能说出《中华人民共和国未成年人保护法》。

其次，性格耿直，不懂得去"逢迎"老师，将来到了社会上这样的"直男"慢慢会变成"小绵羊"。

再次，中国的老师还是比较喜欢听话的小孩，看到不听话的就头疼，其实不听话也是一种长处，至少不会唯唯诺诺，人云亦云。

最后，其实一个人发脾气，不一定是冲着那个老师来的，有可能只是不知道该怎么办而条件反射地用发脾气来发泄内心的情绪。比如，有的人被指责后第一反应是反驳，这不一定是道德品质问题。

这么一想，你是不是松了一口气？悄悄告诉你一个秘密：假如他的身边有五个人，他可能会对四个人发脾气，但一定会对其中某一个人不发脾气。为什么？他总要给自己留条后路的，他不会选择和全世界为敌。

我再教你三个小妙招：

第一，对待脾气不好的人，说话要轻柔，轻到他几乎听不见，让他的脾气反弹到棉花团上有去无回。

第二，对待脾气不好的人，尽量不要说话，等到他脾气比较好的时候再和他说话；和他的家长见面，当着他的面先说他的各种优点，再说他的问题。

第三，对待脾气不好的人，尽量不要在课堂上当面指责他，不给他观众，他也就没有了表演的欲望。如美术课那件事，你可以让一个同学去通知班主任，让班主任把当事人带离课堂，带到办公室，给彼此一杯水静坐一会儿，等他情绪稳定了再和他说话。

记住，脾气真正爆发冲顶的时间是6秒，等过了那6秒脾气就"走下坡路"了。成年人忍不住要发飙的时候，也可以让自己先忍住6秒。如果遇到他发脾气时，你就让他一个人在那里发泄一会儿，你只管做6个深呼吸，等他发完脾气，再和他讲道理。

其实，他发完脾气也是尴尬的，不知道如何来缓和师生关系，所以他会赖在家里几天，估计大家都忘记了，就堂而皇之地来上学了。

这样的学生是不是很好玩？帮我看看他头发是不是根根竖起的，看看他头上有几个"旋儿"。

一个老师的年味儿

新春佳节一到,我与学生们在网络上的交流时间就比往常多了好几倍。平时上学的日子我只是"小打小闹",问问他们的作业,提醒当天学习状态不佳的学生要继续加油;一到放寒假,问成绩的,讨减免作业名单的,要和我一起打游戏的……师生热络的关系一下子就跟春节的氛围很搭,有点朋友的感觉了。

我一一回复的同时,心里也期待着他们能够在除夕前后几天,发一些令人惊喜的祝福语给我。我估计每个老师都会有这样的期待。平日里或多或少都会批评学生,老师其实也担心学生们会"记仇",若是能够收到学生的祝福,心里便会释然。

前几年,我收到的祝福语五花八门,大多是家长在微信群里发的,每年一到过年,我的手机就响个不停:祝福学生,回复学生,学生回复,自己再发个表情作为结尾以示敬意。其中不乏才子、才女们的奕奕文采,有的还伴随有"表情雨",给人一丝惊喜和期待。

而 QQ 上则有些安静。一如往年,人们大多是把

QQ当作工作的工具。孩子们则不一样,我和他们的网络联系只限于这儿,所以这几天,我听见手机特殊的提示音时,总要去看看又是哪个孩子或者家长给我们发来了祝福。

某位不知姓名(没备注)的同学发来的是"祝你握紧虎爪,喜迎新一年",蛮有趣的,年末老虎屁股摸不得,开年握握手总可以吧?前后衔接也讲得过去。只是不知姓名,我只好回复道:"祝你挺起虎背,虎虎生威!"发出去以后我才意识到,万一这位同学身材结实,不会以为我在讽刺他吧!算了,开学看看是谁再说吧。

小蔡同学发了简简单单的祝福"新年快乐,李老师"。这可不像平时文绉绉的他呀!果然,一点开他最新的空间动态:如果所有人祝你新年快乐,那么我祝你遍历山河仍觉得人间值得。后半句还是很赞的,一如既往有些文人的哀愁忧伤,我立马夸他文笔不错,顺便问他古文集写到哪里了,开学还要给我看两眼啊!小蔡立刻来了劲头,回复道"一定一定",还拍了两张文集照片,一定让我点评。我认真备注了两句后又发了回去。没有其他的因素扰乱,和学生这样的互动,总是令人惬意的。最后,我发了一句"你也新年快乐啊",小蔡同学良久发了一句"李老师,我太感动了"。

过年的一部分流程，其实就是这样子和学生的互动交流，有时候尽情畅聊，有时候严谨对仗、恭敬回复，带点趣味，便是生活的小欢喜。我更希望学生能够用文字或者照片将过年的年味儿记录下来。把这些美好留下，一部分是我的私心，他们可以作为作文素材，一部分是真诚的愿望，我希望孩子们记忆里多点年味儿。

　　学校里让家长们将孩子们过年的照片上传到群相册里，背景色大多是红色：在红桌子上包饺子，在红桌子上吃年夜饭；家人们共同举杯敬酒迎新春，一起张贴对联，在玻璃窗上贴小老虎、贴"福"字；功底好的同学能帮亲戚邻居们写春联、写"福"字，年夜饭吃完不忘来张全家福。

　　孩子们都是忙忙碌碌的，脸上无一例外都是愉快的表情，家长们也不忘在班级群里发着自己的祝福语。年味不只是从自己家人亲戚朋友得来的，作为教师，你可能一下子就体会到了近百个家庭的欢喜。

李润于

于洁的点评

　　我和你有一样的期待，哪怕只是收到一句简简单单的祝福"老师节日快乐"，心里也是喜欢的，因为本来在意的就不是祝福语有多煽情动人。我更在乎的是学生能不能想起给自己的老师发个祝福短信，以此判断学生心里有没有自己这个老师，师生关系是否像朋友和家人。

祝福语收到多了满心欢喜，收到少了有点失落，我甚至还会期待某个曾被自己批评过的学生能不能给自己发个祝福短信。这样的患得患失，也许真的就是专属于一个老师的"年味儿"。

在假期里的学生和平日里是不一样的，没有了学校和课堂的束缚，没有了每天必须完成的作业和考试，他们变得爱笑了，活泼了，甚至说话的腔调都让人觉得如成人般老练。

其实QQ的存在，让我们与自己的学生多了一个沟通和了解的渠道，就像你在小蔡的空间里关注和点赞让他觉得感动一样，老师在QQ上和学生聊天的语气语调通过文字传达，已经和平常面对面谈心时的不一样了，再加上表情包的使用，让老师没有了平时的古板严肃，更像一个活泼又憨厚的朋友，是会受到学生喜欢的。

有位老师看了我和学生的表情包斗图后，留言说："太有趣了，我都不敢大胆去做，怕有失师道尊严，学生不怕我了，真是迂腐啊！可能是我不自信的缘故。"的确，很多老师和学生相处一直是端着的，不敢笑，不敢示弱，结果累坏了自己，也让学生觉得这个老师很无趣。

其实，老师做个"人"，反而更能够和学生相处，因为学生也是"人"。

寒假，老师的年味儿是和学生相处时浑身散发的"人味儿"。

三改奖励方案

每个学期，我都会尝试不同的奖励制度。

第一学期主要是积分卡。每天的课堂作业和回家作业都全对的学生便可集一枚印章，集满五枚就可兑换小零食。

但我实行一段时间后发现，找我盖章的一直是那么几个学生，其他学生后面干脆"自暴自弃"了，念出盖章名单时我自己也已经丝毫没有了兴趣。此外，我自己也是累得够呛，批两个班的数学作业，本就时间很赶，我还要一边批改一边在名单上打钩，一不留神还会漏掉，只能重新再翻一遍。因此，积分卡的方案试验了不到一个月就被我闲置在一旁了。

事后我也反思了很久，为什么一直只有那几个学生能够得到奖励呢？是我的方案不太合理吗？

对了，这个学期的数学家庭作业每天都有拓展题，这些题并不是每个学生都能做出来的。而三年级学生的接受能力也相差甚大，很多学生要讲两三遍以后才能学会，而我那时又是刚上岗，自己的课堂教学效率也有待提高，我又怎么能要求学生们听一遍就都会做呢？的确是我欠考虑了。

第二学期，我直接更改了奖励方案，从原来的要集齐五枚印章变成了当天就夸奖。

每节课课前，我先口头表扬家庭作业认真完成的学生，得到表扬的学生脸上禁不住露出得意的笑容，新的奖励方法激励了全班同学，家庭作业的质量确实也因此提高了很多。单元练习全对的学生还能获得精美笔记本、肯德基、姓名印章等小礼物。

但我后来发现，有几个因家庭作业经常获得表扬的学生，上课的注意力却常常不是很集中，单元练习也做得不是很理想。他们存在一种普遍现象：作业不会就问家长，不会主动思考，即使写上了答案也是一知半解，而作业发下来看到全对时，他们却又自以为都会了，不会再认真听讲评。

仔细思考后，我觉得是我的表扬过于频繁了，有些学生后面已经麻木了，而有些学生为了每次都得到表扬，就靠家长来做好书面作业，根本不在乎自己是否真的学会了，他们一做单元练习立刻就原形毕露了。

唉，我竟在不知不觉中助长了这些孩子的虚荣心。如果继续下去，他们的虚荣心只会愈发增长，甚至一发不可收拾。原来，表扬也是一把双刃剑啊！

在这种模式实行了一个多月后，我和学生们讲起了其中的利害关系，我又一次更改了我的奖励方案。

我将每天的口头表扬改为了每周随机一次，并且不仅得作业质量高，还得课上认真听讲，才能获得口头表扬；如果连续三次作业质量很差或是经常开小差，我也会点名提醒；如果长期如此，我就要约他单独谈话了。

以前，我只顾着表扬作业质量高的学生，却忽略了中下游的学生其实也需要激励。这样一来，确实比之前有效多了。

这个方法一直沿袭到现在，同时我还新定了一个规矩：只要集满三枚奖励币，就能自选一定价格以内自己想要的礼物。但游戏机这一类的奖励是除外的。

想要集满三枚奖励币有两种方法：一是当堂做的单元练习全对，可以得到一枚奖励币；二是连续半个月上课认真听讲，回家作业有质量，同时单元练习有进步，也可以得到一枚奖励币。

这个奖励制度很开放，深得人心。学生们为此愈发地努力起来，与其说是为了得到奖励币，不如说是为了得到自己想要的东西。领奖励币的行列里，加入了很多从没有得过大奖的学生，他们领奖励币时那自豪的笑容，透露出了辛苦努力后终于获得成功的喜悦。我心里也暗自为他们骄傲。

11月，他们终于迎来了第一批奖励币兑换的礼物。头阵要打好，有的学生一直想要一个小乐高，我帮他圆了这个小心愿，买了一个迷你版美国队长；有的学生想要一本手账本，我选了一套精美的礼盒装，拿奖品时她的眼珠子都快瞪出来了，没想到我会买一整套；还有的学生只选了文具，我干脆买了文具盲盒，我也不知道里面是什么，等他慢慢拆吧。

那天，我发了个朋友圈，感觉自己真的就是"老母亲"了。

经过这次"物质刺激"，后面一阶段学生们的学习热情又高涨了不少。还有学生找我兑换了两套试卷和几支笔，还帮我算着钱，担心会超额，真是太贴心了！

这次的奖励方法是目前效果最好的，不仅提高了我们班学生的学习热情，还让好多同学都通过自己的努力拿到了心心念念的礼物，不知不觉间，也拉近了我和学生们的距离。

我常笑我的先生在教育探索的路上不撞南墙不回头，我自己又何尝不是呢？一步步摸索，一步步成长，逐渐和学生们一起变成更好的自己。

薄心妍

说句真心话，"于洁沙龙"里的成员们，工作了十几年、二十几年的，也都和你一样，为一个奖励方案没

法使所有学生的积极性都提高而苦恼，为总是那几个学生得到奖励而充满挫败感。所以每次有人提出一个崭新的奖励制度让人耳目一新时，总有老师问："那要是有学生不跟你玩呢，你怎么办？"

所以你看，世界上没有一种制度是完美无缺的，教育上很多东西都是"双刃剑"。比如，表扬了部分学生，是不是就伤了那些没有被表扬的学生的心？又如，你想要当头棒喝让某位同学警醒，结果人家心理承受能力之弱超乎你的想象，反而一蹶不振了。

想明白了这一点，你就不会再患得患失，就这样，一路修修补补好了。你的奖励和惩罚制度，完全可以"新三年，旧三年，缝缝补补又三年"。

教育是一种唤醒，唤醒的方式有很多种，只要因材施教就没问题，小学生可能更喜欢老师的表扬与一些物质奖励，毕竟还是孩子，还替你担心钱的问题，不错。

但愿你教到他们六年级毕业，不然要是换个老师来接替，没有了这样的"物质刺激"，学生们会不会就没有学习积极性了？

所以，咱们再想想，有没有其他既省钱又有效的方式呢？比如，给家长写表扬信。我用的方法是亲自给学生下面条吃，大家一起在班级里吃面条，那味道棒极了！试想，在延时服务时，学生们肚子饿了，一锅面，不仅填饱了大家的肚子，还充满了浓郁的温情。

他的怀念让我心里酸溜溜地

接到要中途接初二的消息时,我心里是非常忐忑的。

对第一届被我完整带到毕业的学生来说,我是唯一的语文老师,他们的语文水平就代表了我的教学水平。

但是半路接班,我就有点心虚,毕竟之前带他们的是一位经验丰富又幽默风趣的老师,我要是教得不好,岂不是高下立判?

想到这些,我一下子觉得艰难险阻就摆在眼前,心里也不免打起了退堂鼓,憋了好一阵,我才接受了这个现实。

要离开熟悉的备课组,加入新的团队;要和新的任课老师搭班,重新开始磨合;要遇见近百张新面孔,重新开始熟悉。但我心里清楚,其实这些都不是问题,关键是要获得学生的认同。

而当我翻开小曦的作文时,内心就开始五味杂陈了。都说作文是一个孩子内心世界真实的体现,能够反映孩子内心真正的想法。小曦在作文中写下了他对于上一任语文老师的思念,毫不避讳地说着她的好,温柔、善良、体贴、关心……我看了以后,心里酸溜溜的。

之前一届初一的时候,很多孩子会写关于自己小学老师的事情,这个很正常,毕竟这是他们上一阶段的故事,有回忆,也有温度。但是这次看小曦怀念上一任语文老师,不知道为什么,我内心总有点不开心,而且有点害怕这样的作文会出现第二次。

我这种心理是不是不自信的表现?还是有点小心眼了?我扪心自问,看来我还需要多历练历练。但是小曦在语文作文中这样写,肯定也是有他的想法的,于是我开始对小曦加以了解。

小曦是个高个子的男生,却有着异常细腻的情感,有些沉默寡言,但喜爱运动,他的好友圈就是座位周围那一圈人,下课时经常三五成群地聚到一起,听说他是比较高冷的一个人。

经过一段时间的相处后,我发现他的自制力比较差,有很多次,上课点名回答问题时,他经常一问三不知,也不落落大方地说不会,反而总是低着头,这么高个子的男生给人一种比较内向的感觉。

但他也不是完全放不开,他的性格有两面性,他比较爱和周围的一圈同学讲话,不分场合时宜,导致经常被任课老师点名。

就语文而言，我觉得他还挺有天分的。几次作文写下来，他几乎都是写关于自己上一位语文老师的事情，但是整体描写细腻，文笔很不错，一看就是比较爱看书、比较有想法的孩子。

怀念的文章多了以后，我似乎有些习惯了，不再对此格外在意了，而且对于他的文章，总是要多写几笔评语，肯定他的文笔和优点，也试着让他拓展写作内容，并努力不表现出以前的"五味杂陈"。或许，我的醋劲儿也过了。大人怎么能和一个小孩计较呢？再说了，他能够怀念前任语文老师的好，说明他有感恩之心，我若也对他好，将来他到了高中也会想念我吧！我这样安慰着自己。

这之后的几次作文，我终于等到偶尔一次他的不同题材内容了，我在他的作文本上狠狠夸了一顿，他也很开心。我本来上课经常会让他所在的小组回答问题，也示意让组员多给他发言的机会，让他慢慢改变上课走神的习惯，他也渐渐开朗起来。师生关系也逐渐和谐起来了。

回忆起自己的那些五味杂陈，如今仔细想想，这种情绪其实也很正常，当时是有些小心眼。这可能也是我这种初次半路接班的年轻老师的几个不适应的方面之一，算是人之常情吧！

李润于

2019年,我接手初二倒数的班级时,和你遇到了同样的事情。

刚接手时,同事们告诉我,我是这个班级的第九任语文老师。第八任已经离开这个学校了,据说因为她上课声音很轻,镇不住学生。我心里想这样也好,那就一切按照我的套路来,我的班级我做主了。

第一次写作是关于人物描写,大量的学生描写了我这个新老师,表达了对我的喜爱之情。我还真的有点虚荣心暴涨了。在这些作文里,小徐的一篇回忆上一任语文教师白老师的文章格外显眼。他说,他不管别人是怎么想的,反正他觉得白老师对他挺好的,帮助过他,鼓励过他,其中也不乏细节描写。

我当时的心情和你是一样的,五味杂陈。但我更多是被这个男孩子的感恩之心感动了。记得别人对自己的好,这是一种很高尚的人格,我应该欣赏他。

我索性细细修改了他文章里一些不够通顺的地方,使它成为一篇美文,并加了点评。我把电子稿发给了作文微信公众号编辑,使其发表;同时打印出来并发给我教的两个班级的一百多个学生,让他们人手一张。在我开设的美文赏析课上,我进行了示范朗读,并邀请全体同学集体朗读,以表示对作者写作能力的赞赏。

让我意想不到的是，在后来的学生日记中，很多人回忆了这位白老师，并对曾经在课堂上不好好听课而辜负了这位白老师表示内疚。

学生们仿佛瞬间长大了一样，这令我十分欣慰。

白老师后来也看到了那篇回忆她的文章，并且联系了小徐，让他转告同学们，要好好珍惜我这个老师。

这一件事情，如今想来，真是美好的回忆。

但如果当时我小心眼，因为小徐怀念了以前的老师而耿耿于怀，对他心存偏见，那么就没有后面的美好了。

小徐毕业以后，在我新一届学生手里看到了我们一直沿用的"每日一记"，看到我的熟悉的字迹，瞬间红了眼眶，他关照我的新一届学生一定要好好待我，他说没有于老师的教育他根本不可能考上高中。当我的新一届学生转告我时，我也瞬间红了眼眶。

我常说：教育是渡人渡己，是渐渐扩大自己的心胸和格局。我想，我说了这件事，你应该就懂了。

迟发的手账本

一下课,小林便激动不已地跟着我来到办公室,原来是她的奖励币已达到兑换礼物的标准了。小林是凭借单元练习全对获得的三枚奖励币来兑换自己想要的礼物的。

我询问小林想要换什么,她脱口而出:"一本手账本!"想必,她心仪它很久了吧!

"喜欢什么颜色?"我笑着问她。

"紫色!"她笑着回答道。

小林是班里第一个集满三枚奖励币找我兑换礼物的孩子,我内心也是相当激动:看来我的这个方法真能起到激励孩子的作用。

小林回教室后,我立刻放下手上的工作,上网搜寻"紫色手账本"。这里的样式多到让我眼花缭乱,认真筛选一番后,我选择了一套紫色的精美礼盒装手账本。这下终于能安心批作业了!

小林学习很优秀,也很活泼开朗,上课十分积极,但却有个上课爱讲悄悄话的毛病,又因为个子高坐在最后一排，更是给她提供了上课讲闲话的有利条件，我时常需要通过眼神示意或者让她站起身回答问题来提醒她。

不过，前一段时间她已经改变了很多，很少需要我去提醒，至少兑换礼物前是这样的。

但是兑换礼物后，她就得意忘形了！隔天，小林就又犯老毛病了，上课时总要主动与旁边的女生窃窃私语，我三次走到她身边提醒。

第二天，她更是变本加厉，居然带了玩具起泡胶来学校。

这天早课是我的数学早读，大概是实在憋不到下课了，小林在早读课开始没多久就偷偷地从桌肚里掏出了玩具起泡胶向周围的孩子展示，"成功"引起我的注意后，又手忙脚乱地塞回了课桌。为了不影响其他同学，我没有停下，而是继续早读，她后来也没再将玩具起泡胶拿出来过。

课后，我将小林单独喊来了办公室。且不说这玩具起泡胶能不能带来学校，即使能带，也不应该在课上拿出来展示，这种行为不仅影响了自己，也影响了他人听课。我和小林讲清了道理，念她是初犯，也没直接在课上打开玩，态度也很好，便只是将她的玩具起泡胶暂时保管至放学，她也向我保证带回家后不再带来。

第三天一早，我就收到了手账本在派送的消息。但根据小林这两天的表现，以及她昨天的事情也有很多孩子知道，现在并不适合将手账本送给她，可我又想到她应该是期待手账本很久了，有些不忍，直到上课前我还是犹豫不决。且看她这节课的表现吧。

　　可惜，我终究是错付了。这天，小林旁边的女生小茹居然也带了玩具起泡胶，还在课间分了一些给小林，两人更是借助了都坐在最后一排的优势，在课上"顶风作案"，偷偷在桌肚里玩了起来，还时不时交流一下自己的"成果"。刚开始我还以为她俩又在讲话，只是眼神示意，但三次过后，我终于忍不住走了下去，这才看见她们在藏着什么，定睛一看，又是玩具起泡胶！我既生气又失望。

　　小茹是因为昨天小林的玩具起泡胶没有被没收，也没有其他惩戒措施，也许还夹杂着一些虚荣心吧，才敢大胆将玩具起泡胶带来了学校。我后悔之前的处理过于简单，我第一次在很多学生都看见小林上课拿出玩具起泡胶的情况下，没有及时在班里明确不能带，也没有告知班主任或是和家长沟通，这才会给第二次的发生造就了机会。

　　这次，我在与她们交谈后，把玩具起泡胶没收了，也和她们的家长沟通了此事，家长也同意我没收的做法。我在班里也重点强调了此事，同时也告知了班主任，班主任将她俩位置调远了。

事后，我也心平气和地找小林单独交谈了，我告诉她手账本暂时不能给她了。她在我说完后流了眼泪，我想她应该是明白了，自己努力争取来的礼物，最终因为自己的不珍惜、自己的得意忘形，而暂时失去了拥有它的权利。

　　这件事情也让我明白了，学生教育无小事。由于我的简单处理、我的不重视，可能会让其他孩子滋生一些不正确的想法，有胆量去做一些不正确的事情。任何小的错误，我都应该予以重视。

　　后来的一段时间，小林都很安分，在课堂上没有因为小动作和讲闲话再引起过我的特别注意，只是似乎也失去了那股子劲儿，变得有些过于文静，我上课很少能再看到她举手，作业和单元练习也做得不是很符合她的水准。

　　我又单独找了小林，与她约定好，只要她能调整好自己的状态，就把手账本礼盒奖励给她。这一番谈话立刻激发了小林的积极性，以前抢着举手回答问题的她，又回来了。

　　期末考结束后，我将小林叫到办公室，让她拿到了早该属于自己的手账本。那天，她笑得灿烂又羞涩。

薄心妍

于洁的点评

　　这个案例真是一波三折,但结果则是双赢的。学生小林明白了老师的原则,增强了自律,学会了"胜不骄,败不馁";老师体悟到了德育无小事,要注重教育细节,明白了教育的前置和后移。

　　小林毕竟是四年级的小学生,凭着一股好胜心赢得了兑奖的机会,但又忍不住得意忘形,失去了自己心仪的手账本。经过老师的耐心教育,她再次通过努力赢得了迟到的奖品。我想这一次的经历对小林来说是终生难忘的。

　　我最喜欢的是文中真实的心理描写。

　　学生能够兑奖时的欢天喜地,由此而来的得意忘形,被老师批评后失去奖品的难受和气馁,再次通过努力获得奖品后的喜悦与珍惜。

　　老师也是有七情六欲的肉胎凡身,心情的起起伏伏都藏在字里行间。看到学生喜滋滋来兑奖时的激动,不知道是否该照常发奖的矛盾与纠结,看到学生再次犯错后的愤怒与失望,反复思考后的自责与弥补。

　　我记得读过一个犹太人的故事,他常说的一句话是"后来一切都很好"。我印象很深,每次遇到一些不太顺利的事情时,我总是对自己说一下这句话,而最后的结果也确实都很好。

所以，教育之路艰难又美好。所有的起起伏伏都蜿蜒前行到风景秀丽处。

愿你学习和外形一样酷

这个年龄段的孩子都挺酷的。各种各样的酷，发型的炫酷，眼神的冷酷，动作的耍酷。凡是你能想到的各种外在的酷，都能在这群十三四岁的少年中一眼看到。

小轩的个人形象很不错，个子不高但是很适中，眼镜一戴，刘海一扬，很是斯文。

大概是自我感觉良好，他有点心高气傲，眼神酷酷的，平时有点心不在焉，有点惆怅、迷茫。这种感觉就和男明星照片上的眼神有些许类似。

但他又有两面性，他与周围同学的关系都很不错。上课时，小孩子的习性显露无遗：蠢蠢欲动想要讲闲话，没有很强的自制力，这也导致他的成绩不理想。

小轩有几次和位置比较近的女生说话，我用眼神提醒，在稍微收敛后，他又肆无忌惮地接着讲。在那几天，这确实引起了我的反感。在课上我会时不时地绕到他身边站定，"提点"他一下。他也挺机灵，反复几次后，就明白我有点不满于他的插科打诨。

其实他边上的那些学生，基本都是学习的一把好手，他们就算上课稍微开开小差，也不影响他们的好成绩，人家课后暗地里都在努力较劲儿。小轩就不同了，不仅上课不认真，课后更没有努力弥补的意识。这孩子，外形上学着青年人的酷，但是内心还是个贪玩懵懂的小孩子。他脑海里那根学习的弦，松得很。

我想和他好好谈谈，但苍白的说教没法拨动他的心弦，需要等待一个契机。我心里很着急，但又真是有些无奈，只能靠上课多关注多提点，提高他的课堂效率。但毕竟一个班级那么多人，我很难一直关注到他。

他依旧松懈，我既焦虑又无奈。这样的师生相处方式保持了很久。

某天中午我值班，在讲台上批改作业，小轩拿着一张批好了分数的语文试卷上来，有些犹豫，先给我看了试卷的订正和分析，然后问了我一个非常简明的问题："我该怎么办？"

望着他既真诚又苦恼的眼神，我有那么一瞬间的晃神，原来他并不是我所以为的心不在焉的男孩。原来，他心里是有底线的，原来在学习上他可能对自己的要求不高，但是一旦成绩真的一路下滑，他也会苦恼着急。他心里对自己的学习还是在乎的。他蹙着眉头盯着我看的真诚焦虑的眼神，还真是很帅很酷的。

他给我看关于试卷的反思，看得出来，这次的考试对他的触动还是很大的。也许是不满意自己的分数，也许是想要"痛改前非"，小轩终于表现出了要强的一面，不再是"徒有其表"的男孩子了。

我打开他的试卷反思，令我惊讶的是，他的思路很清楚，分门别类，条理清晰，写明了错误的地方，分析了错误的原因，提出了改正的措施，而且是用不同颜色的笔写就的。这一瞬间，我对他的评价又高了一截，也许他真的愿意静下心来将自己的方向摆正，重新磨砺自己。

试卷背面竟是他关于自己历次考试的折线图，数据可以追溯到上学期。原来他都是记得的，暗中和自己"较劲"呢。

我在手机上指给他看一篇关于自律的文章。他趴在讲台上，认认真真地读完了，拍着脑袋拿着试卷慢慢踱回座位，周围同学都好奇地看了他几眼，仿佛小轩变了一个人似的。

可是，小轩才坐下没多久，就习惯性地张开嘴绽开笑容又开始说闲话了。唉，我皱了皱眉头，他用眼角瞥见我的神情，意识到不对，赶紧低下头钻研起作业来，剩下的时间他都很专注。

课后，我又趁热打铁找他谈了一次话。我开门见山："你认真的样子真棒，以后要将自律自制放在首位，克服小毛病，就会有大收获。"他点了点头，攥紧了拳头，冲我做了个奋斗的样子。

我回想起他写在反思中的最后一句话——总结：只要有进步的空间我就会继续努力下去。目标：语文考到95分以上！（满分是130分）硕大而又坚定的感叹号，映射出他现在的模样。

我心里默默喊道："加油，小轩！愿你学习和外形一样酷！"

李润于

于洁的点评

初二时段的男生，外形和心智时常是不对等的，尤其是自律，是初中阶段男生最欠缺的。也正因为如此，所以初中阶段常常是女生在学习上更胜一筹。浙江大学教授郑强在一次讲座中说："中国男人心智成熟太滞后了，要到50岁才成熟……"观众们哄堂大笑。但大家心里明白，虽是夸张，但也确实代表了一些事实。

小轩在这个年龄段，已经知道如何让自己的外表变得很酷，爱美之心人皆有之，更何况现在网络发达，各种偶像铺天盖地，中学生们喜欢追星，又喜欢模仿，在外形上心思花得多了，学习上自然就会逊色一些。

老天开了门，关了窗，人的精力毕竟就那么多，这里花得多了，其他地方自然就少了。更何况内心里他还是个贪玩好动的小孩子，这又分散了他的精力，成绩落下去是自然的了。

我很看重文中的一句话："苍白的说教没法拨动他的心弦，需要等待一个契机。"

一个人的长大有时就在一瞬间，这一瞬间他被触动了，就像一个发动机开动了。这大概就是阿基米德说的"给我一个支点，我能撬起整个地球"。这样的契机弥足珍贵，常常是老师等待许久也可能没有出现。

那么，我们老师如何制造一些契机呢？

写教育叙事的意义就呈现出来了。这样一篇真实记录小轩的文章，也真实地记录了一个老师内心的呼唤和期待，若是你稍作修改，使其成为一封写给小轩的信，在一个恰当的时机，给到小轩，这会不会成为一个催化剂来促使小轩成长呢？

也许老师无力改变他，但是至少要让他知道老师心里一直装着他，为他欢喜为他忧愁。师生之间的关系拉近了，心思互通了，也许有些期待就能够如愿以偿了。

意想不到的"负负得正"

小文是个喜欢调皮捣蛋的男孩子。

整队时,他会经常找不到自己的站位,喜欢和周围学生讲话;走路队时,他会趁老师不注意跳两下或者贴上前面的学生;上课时,他会歪着身坐甚至"葛优躺",时不时还会制造些声音来引起老师的注意。他常常会因为骂人、打架而被同学告状,但我印象中他好像从未为自己辩解过,每次都是诚恳认错,接受批评,从未顶嘴,只不过没过多久他就又忘了,下次依旧如此。

类似的场景老师们应该很熟悉吧,几乎每个班都有这样的孩子。他们大多数都自律性差,爱玩,上课容易走神,作业上常常敷衍了事,学习也很一般甚至是较差。

但庆幸的是,小文又有些不同,虽然他毛病很多,但他的学习一直都很优异,课上也会积极举手发言,只是举手的姿势与别人不太一样,不是整个人半趴在桌上歪着举手,就是举得老高恨不得直接站起来。

小文还是我的数学小组长,做事情可麻利了,无论是收发作业还是让他做点别的小事,他都能又快又好地完成。

只不过,有时他也会过于"积极"。他数次在课上被周围同学举报偷写课后作业,我批评了很多次,把他写好的擦了很多次,将其中的利害关系和他说了很多次,他也成为我重点关注的对象。但过一段时间,他又会趁我不注意时"重操旧业"。

对于他的屡教屡犯我也是束手无策,每次挨批评时他都拿出了最诚恳的态度,但批评过后又立马将其置之脑后,也许他是真的"心大"吧……

班里还有一个"心大"的孩子小浩,他上课也喜欢歪来倒去,有时还会把头钻到桌肚里。不幸的是,他没有小文的优异成绩,他的专注力更差,作业上、学习上也都是一塌糊涂。

上学期期末复习课上,小文刚向我展示了他极为"销魂"的坐姿,小浩就在椅子上摇摇晃晃制造响声吸引我的注意。

气愤之余,我突然灵光一闪:之前,我在课间让小文教过小浩题目,小文说得头头是道,全然一副"小老师"的模样,既然他俩坐在自己座位上都不能定心听课,也许坐一起就不同了呢?要不试试看,不行再说。

我让小浩带上东西搬到小文旁边,让小文监督小浩认真听课。小浩刚坐下来，小文立刻摆出一副"小老师"的模样，先是帮小浩翻到了我正在讲的页数，再是用手指给小浩看我讲到了哪一题，若发现小浩在做其他事情或者坐姿不端，小文会立即轻声提醒他。而小文自己也坐得端端正正，或是在认真听讲，或是在认真做题订正，又或是在监督小浩，努力做着小浩的学习榜样。

这节课下课，我竟然非常难得地收到了一份小浩做得全对的作业。心血来潮的决定，却不想实现了"多赢"，既能让他俩乖乖坐好听课，又不会再影响我和其他学生，当真是一法多益！

学期的最后一周是复习阶段，我依旧采用此法。我偶尔会看到小文气急败坏地想向不认真听讲的小浩拍上去，但最后都忍住了，真是难为他了。那一刻，看着他俩，我的心情也有了变化，从原来的烦躁无奈变成了喜悦欣慰。

当我讲到重点，小文还在盯着小浩学习时，我会特意提醒小文先听我讲完课，小文也是一秒回归课堂。

此法确实卓有成效，他俩的作业质量都提升了很多，尤其是小浩这个"返工大户"，有了小文的监督后，鲜有再返工。期末考试时，小文取得了优异的成绩，小浩的成绩也有了提升。

但这个方法只实行了期末阶段的最后一个多星期，

如果时间更长,我不敢保证小文还能如此管理好自己与小浩。

继续摸索吧!只要思想不滑坡,办法总比困难多!

薄心妍

我看了这篇文章有些忍俊不禁呢!狗急了跳墙,你急了"负负得正"。

我们在教育中,常常有抓耳挠腮、无计可施的时候,就算是工作了二三十年的老教师,也会遇到这样的情况,"老革命"常常会遇到新问题,更何况是才工作几年的新教师。

这个时候,我们需要做的就是"只要思想不滑坡,办法总比困难多"。有点厌烦但不厌恶,感觉头痛但不放弃,虽然无奈但愿意尝试,这个时候,一个老师的专业素养才能真正体现出来,急中才能生智。灵感总是在苦思冥想中突然获得的,教育中也常有这样的现象。

小文和小浩,相似点是多动,不好好听课;不同点是小文看似不听课,但接受能力非常强,成绩优秀,贪玩不妨碍他的学习,这是一个聪明好动、能一心二用的学生,而小浩的好动却极大地削弱了听课效率,导致成绩落后。

还记得网络上有个父亲对自己特别磨蹭的女儿无计可施的时候，索性来了个"以毒攻毒"，让自己比女儿更磨蹭，成功地让磨蹭的女儿急哭了。"要迟到了……"女儿这样哭着，父亲得意地笑了。这个成功的案例是基于一个条件的：这个女儿是想要上学的，磨蹭是她的性格。

那么你这次"负负得正"，也是基于一个条件的：小文是想要好成绩的，想要在小浩面前显示出自己积极向上的一面的。

因此，接下来你还可以继续这样做下去，另外需要以下两个配套措施：

第一，阶段性地表扬小文和小浩。重点表扬小文，因为是他在起主导作用。你可以口头表扬，可以给予物质奖励，可以以表扬信的方式告诉小文的父母，促使小文继续保持积极和热情。

第二，鼓励小浩在某些方面能够反超小文，比如小文坐姿不端正的时候，小文听课走神的时候……把小浩的内驱力也开发出来，使他不再被动，变为主动。

有些路走着走着才知道走对了，目前来看你的选择是正确的，但后续是否能称心如意还是未知数。但是没关系，做了再说，办法总比困难多。

当付出和收获不对等

小乐是上学期刚转学来的体育特长生，而我也是上学期刚接手这个初二班级的语文教学，我们也算是有相同经历的人吧。

对于小乐来说，半路转学到这样一个陌生的班级会对他产生不小的影响。小乐小学刚毕业，与好友分别，或在别班，或在他校。一年以后，他又要与好不容易熟悉的初一班级的朋友分别，重新认识初二的新同学。我其实已经能预想得到万一这个孩子没有能够迅速融入班级，他所能做的事情就是睡觉或者四处游荡。

小乐是体育特长生，学习基础差。进入这个班级的头一个月，他却表现出了令人诧异的学习专注程度。也许对他来说，原来比较散漫的学习环境转变了，在新班级，几乎人人都以学业为主，他很快就适应了这个新环境。于是，我在批改默写和作业时，会对他特别多看两眼，逐个讲评的时候也会对他多讲两句，希望能够帮助他快速完成蜕变。

天不遂人愿。小乐的基础比较差，一个月下来，他虽然很认真地听讲,但还是有些吃力,跟不上进度。而考试成绩是让他心灰意冷的主要原因,我还记得当他拿到自己成绩的时候,表面上风轻云淡,却在那天睡了一整天的觉,放学的时候也是早早离开了班级。

对他来说,努力与收获不成正比其实是很大的打击。小乐就此沉沦了。

我找他谈过几次话,他的眼里闪过几丝微光,但很快又消弭在黑色的瞳孔中。我想他是抱着一股子劲儿来到新的班级的,想用实力说话,想用成绩交到朋友,但最后的结果对他来说意味着,想赶上班里其他同学是"遥不可及"的梦。我有些理解为什么总是听说有些孩子会在名校好班里因为跟不上进度而产生了抑郁的情绪。

也许小乐现阶段不能够跟上进度,但在经过一定时间的基础补救后还是有可能追上其他同学的,只是过程会很曲折,他会遭受一次又一次的打击,作为一个之前快乐无忧的孩子来说,这样子的生活会不会毁了他?

我不想放任他颓废,我渴望等到契机让他能够靠自己重新振作起来。

但这个想法只在我脑海中闪了一瞬,我也被现实"击败"了,哪有那么多契机?何况初中的时间都被一段段安排好了,他也没有更多的时间来补习加强。

究竟能为他做点什么?我也有些迷茫了。

之后的一个月，发生了一件事情。有位老师来找我帮忙调监控，原因是他班里的孩子打架。经那位老师断断续续地描述和调取监控观察，整件事的前因后果渐渐呈现出来。

他的班级里分到了两个体育特长生，一个人高马大，另一个比较矮小，他俩在班里不太合群，但是两个人很团结。这天，一个学生举报他们带了泡面到学校，结果两个人把那个学生摁在地上打，一个抱腿，另一个打头，性质十分恶劣。

看着视频里的一幕幕，我有些震惊。巧的是，那天我在教学楼的某个地方看到那两个孩子在教师办公室门口游荡，估计是老师喊他们到办公室里处理问题。大个子的那个还在安慰小个子的，我听到的声音是"我们不会被开除的"，看到我之后，两个人立马站定在门口。

我与他们擦身而过时，立刻就想起了小乐。小乐和他们一样，原来都是在自由散漫的环境里度过的，我们最初对他的印象也是如此，但是他一个月的努力我们都看在眼里，他的拼劲我们有目共睹。其实，我们没有想过对他提太高的要求，只希望他恢复之前努力的状态就可以了，不是吗？

我肯定了他之前所有的努力，宽慰他一切慢慢来，要相信自己，但不要强求在短时间内就有成绩的飞跃。

我告诉他，我们都很欣赏他的好学与努力，自尊与自强。他暗淡颓唐的眼神终于被我点亮了。

在我若有若无的"工作安排"下，他和别的同学接触的机会多了许多，和同学的关系也好了起来。放学后，我从体育场旁路过，也总能看到他在积极训练，他每次都热情地和我打招呼。这样的小乐，才是真正快乐的，不是吗？

李润于

于洁的点评

小乐不容易！他来到一个陌生的环境，很努力地学习，很珍惜现在良好的学习氛围，希望自己能给新的同学和老师留下一个好的印象。

但是事与愿违，因为学习基础薄弱，他的付出和收获很不匹配。这个时候，他确实非常容易因迷茫而颓废。一旦真的沉沦，他就会一蹶不振，那就不仅仅是成绩落后的问题了，各种问题会层出不穷。这也正是老师最担心的地方。

这个时候，最能够体现老师专业能力的时候到了。

专业的老师不仅仅看一个学生的认真程度，也不仅仅看一次考试的成绩，而是研究学生原有的学习基础和现在的学习方式，一方面找时间给学生补一补漏洞，另一方面还要宽慰学生，表扬他付出的努力，鼓励他坚持学习，不要心急。

其实一个学生很在意的就是老师和同学们是怎么看他的。如果老师能够在同学们面前肯定他的努力，那么同学们就会看到他的努力；如果老师批评他的成绩，那么同学们就会嘲笑他的成绩。

唯有老师对一个学生的判断是客观的，心态是平衡的，才会真正激励到位。

小乐是体育特长生，四肢发达，身体协调能力强，智商绝对不会差到哪里去。他原来在的体育班以体育为主，弱化了学业，现在他的学习态度端正，也对老师文明有礼，我相信他只要努力学习，假以时日，会慢慢进步的。

不被挫折打倒，越挫越勇，勇往直前，才是真正的体育精神。这一点，要和小乐说。

特别的一学期

这个学期很特别,开学第二天就是元宵节。

校领导们别出心裁,想让学生们体验元宵节的仪式感,感受2022年新年的气息。于是,学校后勤组齐心协力地在校园里挂起了灯笼,贴上了灯谜,整个学校就像是换上了新衣,瞬间"活"了起来,别有一番风味。

我也在2月13日下午,为学生们换了新的黑板报,教室里瞬间就有了满满的仪式感。我心满意足地给它拍了照记录下来,想象着孩子们第二天进教室时那满脸惊喜的样子。

但很不幸的是,第二天一早,我就收到了因为疫情而停课的消息,一场期待中的开学惊喜落了空。

经历过2020年疫情,我们对于抗疫也是相当有经验了。苏州市教育局当天就启动了线上教学模式,老师们推送线上教学课程,线上布置学习任务、批改作业,迅速投入线上教学中,努力做到停课不停教、停课不停学。

或许是因为寒假延长了,线上教学刚开始的阶段,孩子们都很积极地上网课，交作业，订正作业。但时间长了，不少学生开始敷衍了事，网课不认真上、作业不认真写、字迹不端正、错了不订正的不在少数，更有甚者网课都没上就开始写作业。

为了改善这种状况，老师们不得不改变策略，拍视频写作业、默写、背书，直播讲解作业，不定时抽查学习情况，线上家访，"云班会"，等等。老师们绞尽脑汁提升线上教学质量，所谓"车到山前必有路，船到桥头自然直"，没什么能难倒老师们。

网课开课至今，诚然有些学生学习热情下降，学习态度变差，但也有不少同学发现这是一次"弯道超车"的绝佳机会，我们班的小艺（化名）便是其中的典型。

小艺的学习热情一直都挺高，但因为接受能力较差，加上动作慢，常常跟不上我们班的大部队。但让我惊喜的是，线上教学期间，她每每都是早早地提交作业，作业质量也很高。我和家长沟通后了解到，小艺之前在学校的学习时间总是不够用，但网课期间时间很充裕，她可以慢慢学，定心学。她认真学习网课，没听明白的会自己倒拉进度条，遇到来不及做的书本题时会先点暂停键，做完再听讲解过程；作业上不会的题也会主动问家长，直到弄懂为止，多余的时间还会做一些家长布置的练习。正所谓"慢鸟先飞"，大概就是这个道理吧。

每个人多多少少有些惰性，谁能改掉自己的惰性，谁就可能最先获得成功。

苏轼曾在《晁错论》中写道："古之立大事者，不惟有超世之才，亦必有坚忍不拔之志。"这一学期，可是同学们"弯道超车"的大好时机。孩子们，好好抓住这个特别的机会吧！

薄心妍

我和你有同感，上网课期间，我也看到了学生不一样的一面。

线下学习的时候，我的学生中有个叫小云的孩子，长得很可爱，叫他做什么也是挺积极的，但是成绩一直不尽如人意。尤其是他写的字，歪歪扭扭的，像小蚯蚓一样，让我十分头痛。

我和他谈过好几次，谈的时候他拼命点头，但之后毫无效果。我甚至还委以课代表之重任，想给他增加一些责任感，但结果实在不尽如人意，我不得不又撤了他的职。当时他的表现真的让我很沮丧。

但在这次网课中，我布置的语文作业有很多是提交语文笔记，每次我都是自己用笔写在本子上，然后拍照让学生们方便记录。我没有采用电子稿的形式，更没有只是布置他们自己去做了提交，而是选择了自己手写，每天和他们做一样的作业。

我只是想表达一个我和你们一起在努力的想法，但是没有想到的是，小云有一次提交作业时对我说："老师，你的字真好看。"我心里一动，后来每一次作业我都努力把每个字写到最好看，尽量不涂改，因为我心里想着也许小云会很认真地看我的字。

小云的字越写越好了。每次批到他的作业，我都打了"A+"，并在全班展示。每次班会课的时候，我也会一次次地称赞说，字写得好的同学长得都很俊。

网课让我们看到了学生不一样的一面，也让我们更加明白学生的可塑性有多强。

上网课时那团模糊的影子

左手弯曲,右手笔直向前伸,摆出"犹抱琵琶半遮面"的睡姿,如果无人打扰,她必会睡一节课,脸上会出现红色的褶子印,手臂也会酸麻肿胀。这是一种极为大胆的睡姿,因为老师站在讲台上看得一清二楚,且证据充分。

小年在上学期有好几天的课都是这样睡过来的,我走过教室时在窗边观察得一清二楚。语文课上一旦发现她又要睡下去了,我就叫她起来回答问题,提振精神。这样的情景我至今历历在目。

因为疫情,我们不得不在家上网课。而这几天,小年似乎又故态复萌,开着摄像头,无心听课。很多时候,我似乎只能看见黑乎乎的一团,我以为是设备的问题,好心提醒,她却毫无反应。无奈之下,我只能和家长反映情况,没想到她的妈妈说,小年上网课的时候都在睡觉,我才反应过来,原来那黑乎乎的一团,是小年睡觉时遮挡住摄像头的结果。

小年的妈妈算是一个很有紧迫感的家长,我从和她

4月开始的对话中就能感受到。

"最近孩子网课都没有自觉性,她松懈了,希望老师多向她提问。"

"让她有紧迫感,用心学习,这学期已经过半,问她估计什么都没学到。"

"我刚看她在玩,没有写作业,急死了!"

"能帮我多劝劝她,让她努力学习吗?她要是认真起来,还是可以考上明德高中①的,多鼓励她吧!"

…………

4月里,作为任课老师的我收到小年家长这么多条消息,求助我帮忙提醒她,可能作为家长,她觉得自己的提醒已经没有多大作用了。

我回想了一下小年近期的表现,确实是懈怠得很,有几次连线提问,她都没有反应;有时她甚至不在线,课后也没有答复我的询问。我不由得回想起了她在学校上课时睡着了的那一幕幕。

我点开和小年的聊天记录。从2月开始,她不太熟悉作业提交的流程,很热情地来问我怎么提交,也很有礼貌地解释自己作业交得晚的原因。渐渐地,她开始拖欠作业,我催了她好多次作业,她回复我的原因大致两类:一是要做核酸;二是家里人回来得晚,而且没有打

---

① 明德高中:太仓市明德高级中学的简称。

印机,她需要抄题目,无法按时交回家作业。原因似乎也合情合理。可是班级里其他同学不也有这样的情况吗,他们都能按时交作业呀!

其实我也看出来了,真正的原因是小年的家里人不能够时刻陪伴在她身边,她又缺少自律。她的母亲虽然每次都是很焦急地来和任课老师沟通,但没有真正的陪伴行动,只是把焦虑的情绪发泄出来,把希望寄托在老师的教育上。

而我作为任课老师,只能尽自己所能在课上多向她提问,抓住她一时半刻的清醒,因为她和我其余的时间早就被排得满满当当的。课余时间紧,课上节奏快,对于一个缺乏自律的孩子来说,这是一个痛苦的学习过程。

这几天的"静默期",大家都待在家里,家长就更加焦虑了。他们看着自己的孩子学习效率不高便心里着急,插手进去两相生厌,最后闹得不愉快。这些在非疫情时代就存在的矛盾,在线上教学中被无限放大了。

而我也只能在聊天软件上插两句嘴,鼓励他们,建议他们制订一个学习计划表,把时间充分利用起来。

这一次的作文,题目是"我们终究会找到属于自己的方向"。我本以为他们会天马行空大谈理想,没想到绝大部分学生都是将学习目标作为自己的方向,包括小年的作文也是,她在文中信誓旦旦地表示要考上明德高中。

我看了有些默然，也有些了然，学生待在家中毫无素材可言，思想有些被禁锢了，大概也只能写点要考上好的高中之类的应付家长和老师的文字。想起小年在摄像头前黑乎乎的一团睡影，我真想喊她到面前来问问她："这样睡着能进明德高中吗？"

李润于

于洁的点评

在你笔下描绘的小年身上，我看到了我的部分学生的样子。他们有个共性：上课睡觉。无论是线上，还是线下，似乎"瞌睡虫"会随时随地地找到他们。

我们常说"初二是个分水岭"，有的学生表现得越来越优秀，有的学生则学起来越来越吃力。这仅仅是从成绩而言。但其实，这个分水岭区分的就是自律程度。而网课就是一面最清晰的镜子，照出了每个人不同的自律程度。

对于小年，我们能够做的可以是通过在线聊天、书信沟通、提交作业逮住一点点机会多鼓励。但我也想坦白地告诉你：也许这些都没有用。

教育者是要有勇气做好最坏的打算的：也许花费很多心血却依然不起波澜。

我想疫情不会一直持续下去，总有一天会线下开学。小年这样的孩子会再次出现在我们面前。等到那一天，你拍拍她的肩膀，告诉她：我有一个阶段真的很为你担心。

教育者更要有勇气推翻一切再来。比如，等线下开学后，教育者会忘却像小年这样的孩子在上网课时的颓废，利用一切可利用的机会帮他们找回丢失的时间。

我有时候看有的人玩多米诺骨牌，他们花了很多时间把一块块牌竖起来，但只要用小手指轻轻一碰其中任何一块，多米诺骨牌就会顺势倒下去一大片。

我也想到人生中有些事或许就是如此，尤其是我们教育工作者，在校期间把学生管得好好的，而学生也积极努力，认真读书，但只要周末两天在家休息，孩子就会拿着手机，在游戏中鏖战，周一上学的时候又迟迟进入不了状态，一切又要重来。我只能带着他们，调整身心，重新进入学习的状态。几次三番，周而复始。一个学期结束了，寒暑假又至，多米诺骨牌效应又启，我只能静等开学后，再次调整孩子们的状态。

思索再三，我觉得这可能就是教育者的伟大之处：一次次地用耐心，充满期待地让学生们重新找回学习的感觉。

不爱写作业的小宇

我第一次留意到小宇,是在开学的第一堂课。

开学伊始,我在班里选小组长,并说道:"想当数学小组长的同学,请举手!"

我原以为每组只会有一两个孩子举手,却不想几乎全组都举起了自己的小手,这和我的预想可有点偏差了。

本着让每位孩子都能有机会当一回班干部的想法,我让前两年担任过班干部,以及正在担任其他班干部的学生放下了自己的小手。举起的小手一时间就少了一半。因刚接手5班,我对班里的学生还不了解,还举着手的学生,就让他们毛遂自荐吧!

学生们自荐的理由很丰富,我的"选择困难症"立刻就犯上了,我艰难地定下了前六组的小组长。轮到小宇所在的最后一组了,小宇也是这组最后一位发言的学生,他略带乞求地说道:"老师,我从幼儿园到现在从来没有当过组长,连值日组长都没有,您就让我当一次吧,我一定会把组长当好的。"小宇的话语里透露着真诚，我被他的话语打动了。"第七组，就你来当小组长吧！"却不想，此话一出，几乎全班学生都表示了反对："老师，他不行的。""他自己的作业都交不起来。""他会把我们整组的作业本都弄脏的。"……

完全没有预料到此场景的我，顿时愣了神。望着小宇那期待的目光，我缓缓说道："既然小宇说能把组长当好，老师相信他肯定能把组长工作做得非常好。是吧？"小宇望着我一本正经地点了点头。

究竟是什么原因让大家对小宇有如此重的偏见？带着好奇和不解，我前去咨询了班主任。从班主任口中我得知，小宇是个生活习惯比较差、作业不能按时完成的孩子。对于我选小宇当小组长这件事，班主任也表示很惊讶，但我却依旧期许满满地说："也许他当了小组长以后，会有所改变呢？"

次日，所有的组长都早早地将作业收齐上交了。小宇这组的作业也整整齐齐、干干净净，我心里甚是高兴。一连几天，皆是如此。

我欣喜着，小宇在进步……

但在第二周的某个早晨，课代表告知我小宇没写作业，而组员的作业却依旧整整齐齐地交了上来。

"刚才作业没交的，带着作业来我的办公室。"我对全班说道。

我刚回办公室坐下，一个满手墨水、脸弄得像小花猫一样的孩子，在办公室门口喊了声"报告"。一大早就能把自己弄成这样的，班上也就小宇一人能做到了吧。他畏畏缩缩地走到我面前，眼神躲闪地看了我几眼，仿佛我是一只大老虎，随时要吃了他一般。

我批改着作业，没作声，等着他开口。"老师，我早上收了我们组的作业，自己的忘记放进去了。"他小声说道。

我依旧没开口，只是将他手中的作业拿过来批，竟然发现我上课已经讲解完的作业小宇还是没有写完。我抬头盯着他看，他吞吞吐吐地解释道："这几道不会写，刚才上课也没听懂。"虽心知肚明其中的缘由，但我并未多说什么，只是把这些题目又向他讲解了一遍。小宇很聪明，一点就通。"这不是很棒嘛，一学就会。身为组长，一定要以身作则，上课专心听讲，作业按时完成。"我对小宇称赞的同时又叮嘱着。小宇用力地点了点头，信誓旦旦地说道："老师，我明天肯定把作业全部写好交上来。""希望你能信守诺言！"我点了点头说道。

我刚想让他回教室，但是他那满手满脸的墨水又映入了我的眼帘，随即带他去卫生间清洗。我在门口教他用洗手液配合着七步洗手法洗手，两遍冲洗后，他的手终于干净如初了。他惊讶地看着自己的小手："哇！好干净呀！"看到我点头后，小宇开心地跑回了教室。上课时，我发现他的课桌竟也干净整洁了许多，小身板儿也一改往常的颓态，坐得笔直，脸上洋溢着得意的笑容，小眼睛还时不时地瞥向我，似乎是在提醒我注意他的改变。

我很欣慰，小宇在进步……

就这样，保持了两周。可好景不长，小宇的回家作业、订正作业又开始拖拉了，但组员的作业他还是能收得整整齐齐。我又一次将小宇喊来办公室。与他谈心，让他认识到自己的错误之处后，我和他约法三章：一是回家作业按时完成；二是上课认真听讲，及时完成订正作业；三是如若作业拖拉超过三次，撤掉小组长的职务。小宇很想当好一名组长，因此这招对他甚是有效。课堂上，他讲悄悄话了，我盯着他看；他做小动作了，我盯着他看，而他也会立刻明白我的意思。课后有作业我就悄悄走到他跟前提醒："作业！快！"……

渐渐地，他在自我约束能力上又有了明显的改善，上课能主动举手回答问题了，作业能按时完成了，字迹也工整了……我也时不时地在课上表扬小宇，每次他都会在底下抿嘴偷笑。之后的这节课，他会变得格外积极，这大概就是表扬的魅力吧！

像小宇这样的学生，每个班级都有几个。他们自我约束能力较差，生活习惯也不太好，但他们也渴望关心与鼓励，需要我们老师时刻关注提醒，用敏锐的目光去发现他们的点滴变化,用心陪伴他们的成长。

"当努力到一定程度,幸运自会与你不期而遇。"这句话送给班里的学生,同时也送给我自己。希望我们都能成为更好的自己。

薄心妍

这篇文章之所以吸引我,是因为它的真实。在我们的教育过程中,学生反反复复、起起落落的各种行为习惯,考验着我们的耐心。我们坚持一下,也许学生的表现就会好一点点;我们没了耐心,也许学生的表现就会差了很多。

这篇文章之所以吸引我,还在于它的真诚。在知道小宇是这样一个让人头大的孩子后,老师还不放弃,愿意再信任他,期待他。

结局很美好,但也需要时刻提醒自己:小宇的问题一定还会反复。那就继续保持耐心,继续努力,继续期待。

事情多得应接不暇了

偶然间,我在公众号视频里看到,一位老师接受采访时谈到居家办公和平常在校教书有什么不同,他列出了三点:上课、批作业和教育学生。

看完视频之后,当时我是挺认同这位老师的观点的,因为上课方式的变化似乎对老师没什么影响,只是要求老师把平时所学的知识应用到每一天罢了。但事情的发展似乎有点出乎我的意料。

学校为了帮助老师做好线上教学也做了诸多培训。有些老师一开始有怨言,还有的老师直言不讳地说"不会",但是最终都平息下来。他们毕竟都是老师,凭着一股韧劲,克服困难居家当主播。

而作为一个年轻教师,很多似乎只有"小年轻"能够做到的事情就自然而然落到了我的肩膀上。例如,制作视频教授老师们如何利用腾讯会议设置上课内容和时间节点,如何用个人会议模式固定上课时间,如何检查学生们是否按时到课堂上学习,有没有早退现象,等等。有些技能只靠言语表达是讲不清楚的,必须靠图片和视频，按部就班把细节讲清楚说明白，才能让大多数人理解并且学会。

事情做多了，我内心的不平衡也多了起来，羡慕有些科目的老师不用上网课，羡慕一些老师能够轻松自如地搞定学生上课和交作业的事情，羡慕其他地方的老师因政策不一样而有不同的生活方式。

羡慕是毫无用处的，我安慰自己多磨炼是现阶段作为年轻教师必须经历的一关。

但是越来越多的问题开始困扰我。

因为要统计疫情的数据，我有一段时间每天都需要多统计七十多人的各种信息，包括食堂阿姨、保洁员、保安等。每天，我需要打近一百个电话，早上一睁开眼就摸索手机，眯着眼看还有哪些人没有填写表格，不断地打电话、回信息，引导他们填写表格。有很多阿姨不会填表，需要一个一个教，一个一个填。真是困苦煎熬呀！

我想过撂挑子不干，想过放弃，也只有通过短暂的睡眠消化这种痛苦。很长一段时间，每天都要闹不少乌龙，我心里自责不已，给别人造成了不少的麻烦。

那一段日子，可以说是不堪回首。每一天，我都承受了很大的压力，因为后勤人员的平安关系到学校的平安。直到大家都静默了，城市停下来，静下来，表格的数据才不会每天都有大面积变化。我终于熬过来了。

那时，我才发现每天正常备课、上课、批作业，是真正的"幸福时光"。可是"线上公开课""学生评价测试"等任务又接踵而来，我有点怀疑自己，明明内心很抗拒接受更多任务，实际接受时却很坦然，我想的总是熬过这段时间，一切都会恢复正常，但同时也不停地给自己增加很大的压力，仿佛自己是一个陀螺，不停地旋转。

尽管有家人的支持，但是我不想把这样的负能量带给家人，这种想法闷在心里也挺难受的。

李润于

于洁的点评

我先给你罗列一些你能用到的缓解内心压力、释放负面情绪的方法，如大笑、唱歌、听音乐、深呼吸、阅读、散步、整理房间、补充维生素C、嚼口香糖、抚摸宠物等。其核心就是通过转移注意力，让自己感觉自己还在自我掌控之中，而不是被别人掌控。

在不同的年龄段，人生的状态是不一样的。

20多岁的你，最需要做的事情是提升自己。说实话，当你说出在疫情刚开始时做了那么多事情时，我真的对你刮目相看：妈妈从来没有想过自己的儿子这样有能力，称得上"兵来将挡，水来土掩"。我也曾看到你的领导和同事对你的评价，内心充满喜悦。

也就是说，当你还在抱怨自己做了那么多事情感觉压力很大、喘不过气来的时候，也许别人却在羡慕你年轻有为，已经是学校的骨干教师了。

记得我和你一样年轻的时候，教着三个班级的语文，做着班主任，还是学校的中层，每天真的可以用"陀螺"来形容自己。而那时候你还小，也就是五六岁的样子。为了不让你缺失我的陪伴，我常常在学校晚自习值班的时候把你也带到学校里。不知道你是否还记得这样一件事：

那天我们刚走进校园，突然路边刚装好的路灯一下子就亮了，一朵朵玉兰花一样的路灯发出淡蓝色柔和的光，一瞬间我们仿佛在仙境里一般，你我都有些被惊艳到了。那时候小小的你一眼不眨地看着，我们母子站在温馨的灯光下，脸上满是幸福。后来你在初中时，写过一篇文章——《一丝惬意心中来》，说的就是这件事情。

人生有很多苦事，常常身不由己；但人生也有很多幸事，需要我们发现与珍惜。

我们健康地活着，能够做事的时候，大概就是我们人生中最幸福的时候。我们当时不觉得那段时光有价值，甚至以为苦；等有一天才会蓦然发现，那竟是我们人生中最美好的黄金时代：我们有那么多力气，应付着那么多事情，还能有那么好的胃口饱餐一顿。

跋：给青年教师的建议

当你每次从假期的轻松惬意中慢慢进入开学的节奏，年轻的老师们，你的心中可有一点点畏惧？没事，有笑有泪，有忙有闲，才是人生。来，做个深呼吸，听听一个老教师对年轻教师的轻言细语吧！

1. 工作上不要"谈虎色变"

对于青年教师而言，工作上有很多问题可能都是第一次碰到，如有的学生一直不做作业，软硬兼施都没用；有的学生上课时一直没有静心听课，不停插嘴扰乱纪律，甚至还在教室里跑来跑去；有的家长一味袒护孩子，不愿面对老师反映的真实问题；有的任课老师比较强势，占用学生的时间较多……

其实，这些问题老教师也常常遇到，只是见得多了，不再像第一次遇见时那样心慌和无助，心态平和了，处理起问题来也就不会气呼呼地用力过猛。

假如工作中遇到的问题"如狼似虎"，那么也请青年教师不要"谈虎色变"，一定做到先处理情绪，再处理事情。如果觉得自己底气不足，可以向同事和领导求助，一定不要因为面子问题或者担心领导觉得你工作不力而隐藏掩饰，更不要单枪匹马、意气用事。

有的青年教师比较内向，把很多情绪藏在心里，内心总是沉甸甸的；走进班级看到一些问题学生，心里就很苦恼，不知所措；有时候付出了很多努力，但可能还是没有很好的结果，内心有强烈的挫败感……这些情绪的累积，很容易使其在面对开学的时候，在还没有见到学生时就已经有了畏难情绪，说起班级问题就"谈虎色变"。

我想教大家一招。把你上学期遇到的一些疑难杂症一一写在纸上，罗列出来，然后看着长长的问题，深呼吸，夸夸自己：看，这么多困难，也没有把我打倒，我还是好好的。这个学期，一切重新开始，我就当刚走上工作岗位，刚接手一个新的班级；然后把纸条揉成一团，扔进垃圾桶，所有不良情绪清零，一切重新开始。

2. 做事不要虎头蛇尾

老师一日在校的工作，是非常烦琐的，除了上课和批改作业，还有很多其他事务，报表、会议、任课老师的告状、家长的电话……这些都很容易占据时间。

常有老师感慨，从早到晚，时间飞快，都不知道自己忙了些什么，一天就没了。青年教师更是如此，常有焦头烂额、手足无措的时候。

所以有一些本来计划的事情,很可能因为时间统筹失去平衡半途而废。计划每天和一个学生谈心,还没有进行几个就搁置了;计划好的小型家长会,怎么也找不到合适的时间开;班干部培训只进行了一次,就无疾而终了……甚至连叫学生订正作业,都觉得实在没有时间。写教案做课件都要熬夜才能完成,参加一次比赛更是几乎耗尽了所有精力。

当你静下心来的时候,总觉得遗憾。自己做事虎头蛇尾,怎么给学生起到榜样的作用?

我想教大家一招:一个月重点完成一个计划。比如,这个月就是尽量抽时间和学生谈谈话,利用眼保健操的时间,上下午各找一个学生;下个月就抽空开一次小型家长会;再下个月就给几个问题学生写封信……这样,计划变成了行动,因为一个月只完成一个计划,所以完成的可能性也相对大一些,不至于顾此失彼、虎头蛇尾,你也就会有一些成就感。

在备课这件事情上,我有一个笨方法,就是听一节老教师的课再去自己班级上一节。虽然要抽出时间去听课,但也只是45分钟,听课笔记和自己的备课笔记还能够合二为一,比起自己把握不准重点地备课上课,效果反而好很多。

3. 言行得当,避免骑虎难下

年轻容易气盛,有时候学生的行为举止非常容易激怒自己。这个时候你要特别注意言行得当，否则盛怒之下，很容易产生一些不当言行，导致矛盾激化，最后骑虎难下非常被动。

学生这个年龄就是容易犯错的年龄，和全世界为敌也在所不惜。老师一定不要动辄上升到道德品质层面。

前些天和毕业了 20 多年的学生聚会，那个几乎和全班每个男生都打过架的男孩子现在已是青年才俊，谈起曾经的自己大家都哈哈一乐。由此可见，学生的可塑性极大，外力的牵引加上自我的觉醒，才可能真正使他们发生质的变化。

教年轻老师一招：当你要发怒的时候，请先完成三件小事。第一，在鞋子里悄悄弯曲脚趾，用力抓地，再放开。这个动作因为是在鞋里完成的，你可以完全不动声色。第二，往后退一步，做几个深呼吸。第三，离开那个让你生气的环境和人一会儿。只要能够制怒 6 秒钟，你基本也就没有发怒的欲望了。

不要在微信群里单独点名某位家长；尽量通过电话或者面对面的形式和家长交流；多看到学生的长处，用"虽然……但是……"造句，"虽然这个学生有很多事情让我生气，但是他在某些方面也是很不错的"；记住批评不等于羞辱，指责不等于发泄怒气，惩罚不等于体罚。

坚守原则，才能有教育的自由。

4. 记住学生中藏龙卧虎

寒假的时候，有件事让我很吃惊，那个在学校里做事慢吞吞，让人常常抓狂的女孩子，却能够沉静一个下午，画出精美的图画；那个学习上很是懒惰的男孩子，却能从和面到擀面再到切面一气呵成……学生中藏龙卧虎，只是因为我们在校的时候更多地关注的是他们的学习，以至于我们对他们的评价趋于片面化。

陶行知说："人人都说小孩小，谁知人小心不小。你若小看小孩子，便比小孩还要小。"善于鼓励学生，通过各种平台，让学生展现自己的本领，是教育中最宝贵的经验。

青年教师比学生大不了几岁，千万不要为了师道尊严而戴上面具，让自己老气横秋；不要只盯着学生的缺点，应当容忍学生的弱点。

记得2022年元旦文娱活动的时候，我吃惊地看到一个平时上课读书和发言时声音轻得像蚊子一样的女孩子，竟然活泼自信地一人分饰两个角色，逗得大家哈哈大笑。她的眼角眉梢灵气飞扬，这和学习时的她判若两人。学生们告诉我，其实她是个非常逗的人，就是因为学习成绩一直不出色，所以发言时才胆小怯懦。

我暗暗告诉自己：任何时候都不要小看学生，一定不要只用成绩去对一个学生下结论。

你的教鞭下有"瓦特"，你的冷眼里有"牛顿"，你的讥笑里有"爱迪生"。陶行知的话应该深深印刻在我们每一位教师的脑海里。

5. 保持学习让你如虎添翼

教师这个行业是有自己的独特性的。虽然教师是普通人，有平凡人的七情六欲、喜怒哀乐，但是面对顽劣的学生，就算心里再厌烦，尖酸刻薄的话也不能说出口；有些付出却颗粒无收的痛苦，也只能无声无息地自我消解并悄悄忘记。在磨砺中成长，在成长中继续磨砺。

年轻是用来学习的。当我们对着学生苦口婆心地说教时，一定不要忘记也对自己说一声："好好学习。"

"躺平"是青年之忧，也是时代之痛。网上有一句话说："'躺平'是我的梦想，但是生活总把我薅起来暴打。"教师是学生的榜样，"躺平"的教师，教不出有坚定信念、努力奋发的学生。

在学习的过程中，你需要做好笔记，可以记录优秀教师的言行，更可以用撰写教育叙事的方式来记录自己的言行。每次写下自己和一个学生相处的点点滴滴，写下自己在班级里的一个教育活动，就是一次很好的反观和反思，你可以清晰地看到自己的一言一行是不是你想要的样子。这个自我审视的过程，是最好的学习。

请把那些说给学生的励志话语也说给自己听一遍吧，让自己心中鼓起勇气：

你明明是那个努力坚持一下就会很厉害的人,为什么要垂头丧气呢?

努力学习不仅仅是攀峰登顶,它是生命赐给你的春光!

把自己当傻瓜吧!不懂就去问,不会就去学。

你有一双隐形的翅膀,它的名字叫不断学习。

愿年轻教师们拿出勇气,在教育的征途上火力全开,一起奔向未来。

于 洁

后记1：成为更好的自己

婆婆第一次让我写教育叙事是在我新入职的第一个月。那时候是 2020 年，我和李先生刚恋爱三年，和婆婆仅有短暂的一面之缘。我还不能喊她婆婆，我喊"于老师"。

想想上一次写记叙文还是我读高一时呢，自从高一开始写议论文后，我就再也没写过记叙文，大学读的是数学专业，对此就更生疏了。本就不擅长写文章的我，收到婆婆的消息时，着实有些手足无措，不知该从何下笔。

我问李先生："怎么写教育叙事呢？"

"认真去看我写的书。"他干脆利落、充满自信地答道。

对啊，他之前和婆婆一起写过一本《致青年教师的信》，里面有 44 篇教育叙事，我怎么把它给忘了。

但毕竟时隔六七年没写记叙文了，我看着书思索了两三个小时，终于开动起来，又花了好几个小时才憋出了一篇《开学第一课》。写完后，我从头到尾细细地读了很多遍，也改了很多遍，才让李先生过目。从他的神态中我知道，写得不太好，但他也知道这是我憋了好几个小时才写出来的，帮我修改后，就鼓励我说："写得一般般，没事，我写第一篇时也这样。发给我妈吧！"

结局是意料之中的，婆婆没有多说什么，只是帮我修改了很多地方后发布在了公众号上。

没多久，我又收到了婆婆让写第二篇教育叙事的消息。有了第一次的失败，这次我更是束手无策了。李先生大概也看懂了我脸上的无助，思考了一下说："上次你那篇已经写完了，我没敢说，其实你完全可以观察一个学生，去描写他的变化。"

顺着李先生的思路，我想到了我们班的小宇。思路是有了，但要把这个教育故事写好，对我来说还是一件难事。

我把自己关在了卧室，不许任何人打扰，开启了我的第二篇教育叙事。笔端艰涩，生疏到我不知道该怎么去组织语言描写这件事，我写了删，删了写，写了再改，如此一遍遍地循环往复。终于，在我闭关将近10小时后，我的第二篇教育叙事诞生了。

这次我悄悄拜托了我的亲戚帮忙修改，她是一位有20多年教龄的语文老师。她帮我指出了很多问题，我一一修改给她再审后，才敢发给婆婆过目。

在等待婆婆回复的那段时间，我的内心无比忐忑，李先生安慰说："放心好了，写得好妈会给你点评的，可能她正在给你写点评呢！"

我将信将疑，没想到婆婆对这篇叙事相当满意，仅对这篇教育叙事进行了微调，并做出了点评，还发到了"玉峰文苑"的公众号上。我像是打了鸡血一样，瞬间有了信心。

后来的两篇依旧如此，我先发给亲戚改，再发给婆婆阅览，每篇婆婆都会再次帮我修改并给出点评。

我在两位"老将"的帮助下（当然，还有李先生这位"小将"），写作之路逐渐走上了正轨。当我写到第四篇时，亲戚说没什么要改的了。而那时我也已经和婆婆熟络了，不再像刚开始那么害怕，因此从第五篇开始，我就大胆地将教育叙事直接发给了婆婆，不再麻烦亲戚。幸好，每一篇都有点评。

慢慢地，我已经从一篇教育叙事要写 10 个小时，到现在只要一两个小时；从只为了追求文章能让婆婆满意，到现在能一边写一边反思自己的做法。

只是，我还是没有身为语文老师的李先生写得快。经常是我俩同时开始写，他一会儿就写完了，而我连一半还没写好。这时，他还会来捣乱，或是在旁边"嘲笑"我，或是在旁边哼着歌，又或是盯着我写完的内容看，让我一个字都写不出来。每次我都是气急败坏地把书房的门关上，让他待在里面，我则抱着电脑来到客厅继续写。两三次以后,只要开始写文章,我就立刻把他"隔离",一人一个房间,互不打扰。

难得几次我先写完,也是我背着他偷偷先开始写,写完后立刻发到我们的"母子专栏"群。这时就会换成他气急败坏地说我不厚道,因为我们约定好,谁先写完就把谁的文章放在"婆婆妈妈说"专栏的前面。后来他也从中发现了讨我开心的方法,哪怕他先写完也不发到群里,等我写完了,他再发,让我的文章放在前面。

写教育叙事的过程,也是我们成长的过程。我会在写教育叙事时反思我在这件事中哪里没有做好,会思考下次再碰到此类事件该怎么办。我和李先生也常常互相比赛、互相督促,写教育叙事已经成为我们生活的一部分。而每次看到婆婆给我们的点评,我俩都会有一种豁然开朗的感觉。"姜还是老的辣",真是一点都没说错。

我很幸运能遇到这么好的婆婆,督促着我上进,督促着我成长,让我和李先生一起成为更好的自己。

薄心妍

后记2：幸福的味道

这是我的第二本书。上一本书《致青年教师的信》是我母亲和我合力完成的，这次换成我老婆、我母亲和我三人合作。

书稿的架构从原来的一人写、一人评到两人写、一人评，分工状态从我和母亲相互扯皮到现在的"三权分立"、互相监督，发布这些文章的公众号名称也从"母子专栏"到"婆婆妈妈说"。母亲总是能想出些奇奇怪怪却又特别契合的名称来激励我们写文章。

写教育叙事，我应该已经算是有经验的了吧？不，还是有些吃力的。

原因是我和带的班级相处时间只有一个学期，数量不变的前提下，质量要更上一层楼，挑战很大。

但是我和薄老师都"竭尽全力"。一周一篇，我们总会拖到最后期限，美其名曰"用最充分的时间观察、思考和记录"。

我经常会在周日的下午如梦惊醒，该写文章了！我俩一人抱着一个电脑,我缩在书房,她缩在客厅,互不干扰。

我们原本预想的是在和谐、温馨、美好的氛围中一起书写,甚至连书房的书桌都特地定制成供两个人写文章的样式,后来发现还是会彼此干扰,不,主要是我会干扰她。哈哈,当然我们也有一边做饭一边写成的文章,这样的文章,也许是带有生活气息的。

写文章的过程中,我感觉我总是憋着一口气,对写教育叙事抵触的感觉早就没有了,剩下的就是快点完成的心思。绝对不能让追"婆婆妈妈说"的读者们等待太长的时间,我潜意识中产生了这种想法,所以总是一口气写完。打开文档,标上日期,从想好写作对象到落笔再到最后的结束语,一气呵成,没有犹豫或者分批写就的打算。

这也给了自己错觉,使我认为自己天生就能写文章,速度快,字数多,至于质量,写完就好,其他的不关我的事。后来,每次看完母亲点评的文章,我就感觉惭愧至极,仿佛是小学生在文学大家面前班门弄斧。一颗浮躁的心也就沉静下来,之后我再撰写教育叙事,尽力做好一写二改三读的步骤。

和薄老师一起写这本书,一开始我还存了"老手"带"新手"的心思:一来她刚走上教师岗位,很多事情还不是很熟悉,我想通过这种方式带带她,让她少走弯路；二来可以增加一点我在家里的威信，至少在这件事情上我是领先她的。人们常说要互相进步、相互促进，我这样做说出去也好听一点。

2021年8月，妈妈提议，要把我们写的教育叙事编撰成书，以此作为我们举办婚礼时的伴手礼。我发誓，我之前从未听过这种做法，脑子里一下子炸开了。薄老师其实很开心，因为这种提议本身所蕴含的意思就是我母亲很认可这个儿媳妇了。

婚礼的日子定了，书如果要出版也要提前很久去准备，留给我们的时间其实是不多的，也就是一年的时间而已。但"伴手礼"这样既有新意又实在的想法，深深地在我俩脑海里扎根了。我想，世界上应该还没有人有这种做法，真的是一番"前无古人，后无来者"的大胆创新。于是，和世界上大部分作者写作的动力都不一样，我们的动力更美好而动听——为了幸福。

在赶稿子期间，我们接触到了好多新奇的词语——开天窗、空版面……因为我们是一边撰写，一边把稿子发给编辑。这期间的常态就是编辑催我母亲，我母亲催我，我催薄老师，薄老师催我。这样才使每周的微信公众号"婆婆妈妈说"得以定期更新，并且有众多追随的读者。

这本书，有记录学生故事的文字，有新教师苦想出来的教育技巧，有老班主任的经验之谈。我在看这些文字时，其实也看到那些我们共同奋斗的日子，看到柴米油盐酱醋茶，而其中蕴含着酸甜苦辣的味道。

这种味道，还有一个名字，叫"幸福"。

李润于